ESCLAVAGE

DE DUMONT.

Le nombre d'exemplaires prescrit par la loi a été déposé. Tous les exemplaires sont revêtus de la signature de l'éditeur

Quéré.

Cet ouvrage se trouve aussi à

DE L'IMPRIMERIE DE PILLET AÎNÉ.

PIERRE JOSEPH DUMONT,

Esclave à la Montagne Filas, entre Oran et d'Alger.

Dessiné et Gravé par Del... ...Barba.

PIERRE JOSEPH DUMONT.

Maintenant à l'Hospice Royal des Incurables, à Paris

HISTOIRE
DE L'ESCLAVAGE EN AFRIQUE

(PENDANT TRENTE-QUATRE ANS)

DE P. J. DUMONT,

NATIF DE PARIS,

MAINTENANT A L'HOSPICE ROYAL DES INCURABLES;

RÉDIGÉE SUR SES PROPRES DÉCLARATIONS

PAR J. S. QUESNÉ.

Ornée de deux portraits de Dumont, et d'un *fac simile* de son écriture.

SECONDE ÉDITION,

REVUE, CORRIGÉE ET AUGMENTÉE D'UN SUPPLÉMENT.

A PARIS,

CHEZ PILLET AÎNÉ, IMPRIMEUR-LIBRAIRE,

ÉDITEUR DE LA COLLECTION DES MŒURS FRANÇAISES,

RUE CHRISTINE, N° 5.

1819.

AVERTISSEMENT

DE L'ÉDITEUR.

Je dois au public quelques détails sur cette histoire, afin qu'il en apprécie lui-même l'exactitude et l'utilité. Il y a près de six mois que les journaux annoncèrent qu'un Français, esclave depuis trente-quatre ans, était rentré dans sa patrie, dont il avait presque oublié la langue. Je ne pris guère plus d'attention à cet article qu'à d'autres moins extraordinaires qui nous passent journellement sous les yeux ; mais la même nouvelle ayant été répétée avec des circonstances curieuses, me fit naître des réflexions dont le résultat fut d'aller trouver celui-là même qui en était l'objet. Après de courtes explications sur mon dessein, je le priai de m'accorder un moment d'entretien sur ses infortunes. Il m'avait à peine raconté deux ou trois points de son histoire, que j'entrevis l'intérêt qu'on en pourrait tirer. Je le lui dis avec franchise, en lui faisant des propositions qu'il accepta sans hésiter.

Nous convînmes qu'il se rendrait tous les jours chez moi pour me fournir les diverses notions qui se rapportent aux trente-sept ans de son absence. Je les recueillais sous sa dictée avec la plus scrupuleuse attention. Souvent je lui faisais répéter ce que je pensais n'avoir pas bien compris. Je lui lisais et relisais chaque renseignement, afin de m'assurer que c'était bien là sa pensée. Il m'accordait des séances de quatre ou cinq heures, durant lesquelles on doit penser que je n'épargnais pas les questions. Ce recueil, fait à la hâte, sans ordre, et plein de redites telles que sont toujours de simples notes, m'a donc servi à rédiger non moins vîte, il est vrai, mais avec plus de méthode, l'histoire de mon héros. Il m'a, je crois, donné dix séances en tout; et mon travail, commencé le 28 mai, était déjà terminé le 5 juin. Je suis fort loin de prétendre tirer avantage d'une telle précipitation, et je ne la fais con-

naître qu'afin de prouver que je ne me
suis pas donné le loisir d'inventer un
seul fait, et même de paraphraser les
véritables.

Si Dumont est un homme digne de
foi, chose dont après l'avoir connu je
n'ai pas le moindre doute, jamais histoire n'a offert autant de vérité : je ne
parle point de l'intérêt, le lecteur en
jugera. Je n'ai rien ajouté, rien diminué,
hors un seul passage, où les détails trop
dégoûtans feraient soulever le cœur. Ce
sont presque toujours les expressions
de Dumont qui tombent de ma plume ;
ce sont ses propres mots dans le dialogue.
Tout artifice de style disparaît au milieu
d'un récit dont la simplicité doit égaler
le ton d'une conversation décente. Je

n'ai donc aucun mérite à cette produc-
tion, si ce n'est celui d'appeler l'attention publique sur un homme que tant
de souffrances ont rendu si digne de sa
curiosité.

Dumont mérite-t-il la confiance entière que je lui accorde ? c'est ce qu'il importe d'éclaircir ; car, autrement, au lieu
de me dicter une histoire, il m'aura pris
pour dupe en me soufflant un roman.
Examinons. D'abord, sa physionomie
et sa candeur m'ont prévenu. Cela ne
suffit pas, je le sais. Les dépositions qu'il
a faites au consul-général de Naples, à
son fils, colonel, à MM. les ducs de
Polignac et de Maillé, à M. de Vèze,
n'ont jamais varié. La même unité s'observe dans celles que j'ai recueillies,

J'avoue même que, selon des discours par lui tenus en mon absence sur sa position, je l'ai amené d'une manière indirecte à les renouveler devant moi; toujours la même vérité. Mes feuilles étaient presque entièrement écrites, lorsqu'il m'a remis ses deux certificats et son mémoire; rien n'y était de nature à subir la moindre altération dans aucun passage. J'ai compulsé les numéros de la *Gazette de France* depuis 1778 jusqu'en 1783, et j'ai vu que les actions comme les époques se liaient parfaitement avec les circonstances qu'il m'indiquait. Chacun peut en faire autant, le journal à la main, et vérifier mes citations. Il y a même, sur des événemens fort importans, des détails historiques passés sous silence par la *Gazette*, tels que le combat du comte de Grasse contre les Anglais aux Antilles, l'événement de la bombe au camp de Saint-Roch, etc., dont un grand nombre de contemporains sont encore existans, notamment un auguste témoin dans la personne de Son Altesse MONSIEUR, comte d'Artois, qui courut des risques vis-à-vis de Gibraltar. Je pense que ces explications suffisent pour donner tout le poids désirable à la croyance due à mon héros; car, enfin, s'il dit la vérité sur des faits connus avant qu'il sût que j'avais un moyen de les vérifier, pourquoi voudrait-on qu'il trompât sur des particularités inconnues, mais dont il existe encore des preuves en Europe, sans compter les trente

Français livrés comme lui à lord Exmouth ? D'ailleurs, l'homme est vivant; il réside à Paris; son corps est couvert de déchirures; qu'on l'interroge ou que l'on le confronte à qui l'on voudra.

Il ne me reste plus maintenant qu'à examiner l'utilité de cette brochure : on conviendra que rien n'est moins difficile. En effet, sans parler du traitement de la chaîne infligée comme des esclaves aux consuls d'Alger, et que les Européens qui ont des relations dans le Levant ne peuvent ignorer, il est essentiel de connaître le caractère, les mœurs, les usages, le commerce des Koubals, avec lesquels nous n'avons aucun point de communication. Nos consuls remplissent leurs fonctions à Alger, Tunis, Tripoli, Larache, Tanger, etc.; mais aucun chrétien n'a foulé impunément le territoire dominé par la montagne Félix. Le sérail du cheik et son bagne n'ont été servis et peuplés que par des naufrages. Ces deux gouffres vivans ne rendent leur proie qu'à la mort : comment saurait-on ce qui s'y passe? Il a fallu le plus extraordinaire des événemens pour en arracher Dumont. Il a fallu qu'un Français renégat reçut quinze cents coups de bâton, pour le déterminer à traverser, au milieu des lions, cent vingt lieues de pays avec le plus incroyable bonheur. Il a fallu qu'un amiral anglais vint précisément à cette époque bombarder Alger et le réduire. Il a fallu que, parmi les trente-deux têtes coupées par les Turcs dans une caverne, celle de Dumont fût épargnée. Il a fallu tant d'autres circonstances qu'il serait fastidieux d'énumérer, mais qu'un lecteur qui a de la sagacité saura pénétrer sans le moindre effort.

On verra quelle serait la folie d'attaquer ces nombreuses peuplades au sein de leurs montagnes, ou pour les châtier, ou pour les civiliser, tant qu'elles seront soumises à l'Alcoran. Si l'on vient jamais à bout de les ranger au christianisme, la force des armes deviendra fort inutile; la civilisation coulera d'elle-même : faites-en, si vous le pouvez, des chrétiens, vous les verrez humains comme des Français.

Un autre point d'utilité que ces

feuilles renferment touche à l'un des grands principes de la morale universelle, dont l'effet consiste à étouffer nos plaintes devant nos semblables qui souffrent plus que nous. Quand, après avoir lu ce livre, un homme chagrin accusera de ses maux le destin; quand, prêt à succomber au désespoir, il voudra mourir, qu'il se rappelle les tourmens de Dumont dans le bagne d'Osman; ou je connais peu le cœur humain, ou j'ai lieu de penser qu'il tournera ses réflexions d'un côté moins sombre. Et quand un seul homme, livré à une mélancolie mortelle, aurait au souvenir de Dumont repris courage, oserait-on dire que l'histoire de son esclavage n'est d'aucune utilité? O jeunes gens! qui vous plaignez si souvent de la vie au milieu de vos mouvemens inquiets, dans vos contrariétés légères, dans vos amours d'un instant, dans l'étourderie de vos rivalités, dans l'impatience de vos nombreux caprices, dans l'erreur même d'une foule de sots désirs; dites-vous : *Eh! que ferais-je donc, si j'étais esclave des Koubals!* Ainsi, dans tous les lieux comme dans tous les tems, les deux sexes et tous les âges pourront lire cette histoire avec fruit.

J'ai lieu de penser qu'après ces explications, qui m'ont semblé nécessaires, le public ne verra point avec indifférence le portrait de Dumont sous la forme de captif, et celui qui le représente libre, tel qu'il est aujourd'hui. Afin

même qu'il ne manque rien au de-
gré d'intérêt que ce personnage ins-
pire, j'ai fait graver, comme il l'a écrit
sous mes yeux, le certificat qu'on voit
au commencement du livre. Rien, maintenant, je crois, n'en doit mieux assurer
le succès, sinon le talent qu'on estime
dans les bons écrivains; qualité fort
précieuse assurément , mais dont, en
me la supposant, je n'aurais pu faire
usage, par les motifs que j'ai précédem-
ment indiqués. D'autres, peut-être, eussent produit un gros volume avec des
réflexions longuement délayées, quand
j'ai cru, moi, n'être jamais trop con-
cis dans la simple narration des faits.
Chacun a sa manière de voir en tout
genre; reste à savoir si la mienne est

ici générale; le public, souverain juge
en ces matières, est seul capable de me
l'apprendre : attendons paisiblement sa
décision (1).

---

(1) Quelques personnes m'ont paru désirer voir
cet écrit alongé. Le public, par son suffrage, auquel
on ne doit jamais trop de respect, vient de me prouver que j'aurais tort de souscrire à leurs vœux.

J'ajoute seulement à cette édition un supplément
de quelques pages, qui m'avait échappé. On peut
compter que désormais il n'y aura plus d'addition.

Je, soussigné, pierre joseph Dumont, atteste que l'histoire ci-jointe de Mones Clavage Renferme la vérité toute entière, qu'il ne s'y trouve rien d'augmenté ni de Retranché, qu'en un mot tous les faits sont parfaitement exacts.

a paris, à l'hospice Royal des incurables, Le six juin 1819.

Dumont.

HISTOIRE

DE L'ESCLAVAGE EN AFRIQUE

(PENDANT TRENTE-QUATRE ANS)

DE PIERRE-JOSEPH DUMONT,

NATIF DE PARIS.

Je m'appelle Pierre-Joseph Dumont. Je naquis à Paris en 1768, rue d'Anjou-Saint-Honoré. Mon père était cocher du duc de Gontaut; il possédait, en outre, douze voitures de fiacre, que ma mère utilisait à leur profit commun. Ma sœur aînée restait femme de chambre, ou plutôt femme de compagnie, chez la chanoinesse-marquise de Louvois. J'avais dix ans lorsque le chevalier de Ternay me prit à son service. Deux années

après, le chevalier fut nommé chef d'escadre : il pria mes parens de me laisser partir
avec lui ; ce qui lui fut accordé avec beaucoup de répugnance, comme si ces bons
parens eussent eu le funeste pressentiment
des malheurs qui m'attendaient après mon
départ. Nous arrivâmes à Brest en juillet
1781 ; nous y séjournâmes huit jours, au
bout desquels M. de Ternay, qui montait *le
Duc de Bourgogne*, vaisseau de soixante-
quatorze canons, percé à quatre-vingts, sortit de la rade avec son escadre, composée de
neuf vaisseaux, trois frégates, un brick et
une goëlette. Arrivée à la hauteur de Saint-
Christophe, l'une des Antilles (1), l'escadre
fut chassée par vingt-deux vaisseaux anglais
et huit frégates jusqu'à Rhod-Island. L'une

---

(1) Ce sont des îles de l'Amérique septentrionale
dans le golfe du Mexique ; elles sont au nombre de
vingt-huit principales.

de ces dernières, qui avait mis trop d'ardeur à nous poursuivre, vint s'échouer sur un banc de sable. Aussitôt M. de Ternay, touché du danger des ennemis, fit mettre toutes ses chaloupes à la mer pour les secourir ; mais un vaisseau de ligne anglais ainsi qu'une frégate, s'étant approchés, tirèrent leurs bordées sur nos chaloupes pour les éloigner. Ils envoyèrent leurs canots vers la frégate échouée, afin d'en recueillir l'équipage et ce qu'elle renfermait de précieux, puis ils la firent sauter.

Notre escadre fut bloquée quatre mois dans la rade ; ce qui causa tant de chagrin au chevalier, qu'il en mourut : il rendit le dernier soupir à table. Le général Rochambeau, commandant les troupes de terre, lui fit rendre les derniers honneurs dans l'enclos du gouvernement français.

Après sa mort, on expédia, pour l'annoncer en France, le brick *le Chien de chasse*, portant quatorze pièces de canon, qui combattit *le Lièvre*, brick anglais de douze pièces, et s'en empara. La rencontre de ces deux noms devint la matière d'une foule de plaisanteries au retour du *Chien de chasse*, qui, par un autre événement non moins remarquable, n'avait employé que quarante jours pour les deux traversées. Il amena sa prise (1) avec l'ordre donné à l'escadre d'aller joindre l'amiral comte de Grasse, qui l'attendait, et dont les forces, réunies à la flotte espagnole, s'élevaient à peu près à soixante vaisseaux de ligne et quarante bâtimens de guerre.

_____

(1) Ce bâtiment était percé à quatorze canons; il les porta depuis. Dumont, ignorant le nom du commandant du *Chien de chasse*, j'ai fait des recherches qui prouvent qu'au 10 mai 1782 c'était le vicomte de Pluvinel, et qu'il faisait partie de la division du comte de Kersaint; mais il faut observer que ce combat avait eu lieu quelques mois auparavant.

L'amiral, avec ce nouveau renfort, fit voile pour Saint-Christophe, où il découvrit à l'ancre vingt-deux vaisseaux anglais, sous le fort du *Réduit*. Après trois jours d'observation, le marquis de Bouillé, commandant en chef les troupes de ligne, débarqua vers la pointe de l'île, suivi des trois légions *Oualche*, *Dillon* et *Nassau*, des régimens d'*Armagnac*, d'*Angoumois*, et de quelques bataillons de la Martinique et de la Guadeloupe. Les Anglais voulurent s'opposer au débarquement; mais nos canonniers ayant eu le tems d'établir des redoutes, les écrasèrent, et facilitèrent, par une heureuse position, l'arrivée des chaloupes et des radeaux.

La nuit suivante, le marquis de Bouillé campa sur une hauteur dominant la ville et la flotte anglaise. La ville fut bombardée durant huit jours, et se rendit. Les habitans, pleins de frayeur, s'étant retirés au fort du *Réduit*, on mit des sauvegardes dans leurs habitations. Autant de tems que dura le bombardement, notre flotte canonna l'escadre ennemie, qui, constamment à l'ancre, recevait nos bordées de tribord et babord, car nous passions et repassions à travers leurs lignes.

M. de Bouillé fit placer des mortiers qui bombardèrent nuit et jour le *Réduit* pendant un mois. Voyant que le commandant du fort s'opiniâtrait à le défendre, il le menaça d'un assaut s'il ne se rendait. Celui-ci, dont l'embarras croissait avec le danger, dépêche aussitôt un émissaire à l'escadre anglaise. Le chef de cette escadre envoie pareillement un canot parlementaire à bord de *la Ville de Paris*, vaisseau de l'amiral. Le lendemain, la flotte française-espagnole alla mouiller, à quatre heures du soir, tout près de l'île.

Tandis que le mouillage s'opérait, les Anglais faisaient en secret leurs préparatifs de

départ; ils établissaient des radeaux et des
ponts au milieu desquels s'élevaient des
mâts, à la hauteur des chambres de leurs
vaisseaux. Chaque mât, éclairé par des fa-
naux, nous donnait le change sur la position
de la flotte, qui coupa ses câbles et prit le
large, sans lumière et sans bruit. Cependant,
malgré toutes leurs précautions, ils ne purent appareiller sans être remarqués par nos
gabiers, en vigie sur la croisette des perro-
quets. Ceux-ci annoncèrent des bâtimens à
la voile; on leur répondit qu'ils voyaient nos
frégates croiser. En effet, quelques-unes
étaient en surveillance. Mais le lendemain
matin, quelle fut la surprise de la flotte,
quand, se disposant à livrer un combat général, elle vit les Anglais au large, échap-
pés par une ruse qui laissa de nombreux
soupçons sur la fidélité de notre amiral! La
flotte espagnole, indignée, se sépara du
comte de Grasse, dont les vaisseaux prirent

la place même abandonnée par les Anglais.

Le fort du *Réduit*, sur le point d'être emporté d'assaut, capitula dans la nuit, au moment où la flotte anglaise se dirigeait sur Saint-Eustache (1), île hollandaise peu éloignée de Saint-Christophe. Les Anglais s'en emparèrent, la mirent au pillage, et ne laissèrent aux habitans que leurs chemises. Les Français (2) la reprirent au bout de huit jours, en faveur des Hollandais.

---

(1) L'une des Antilles, la plus forte par sa position, au nord-ouest de Saint-Christophe ; ce n'est à proprement parler qu'une montagne élevée en forme de pain de sucre, et dont le sommet est creux. L'amiral Rodney, qui commandait en 1781 l'armée navale anglaise, prit cette île sans résistance : la garnison n'était que de cinquante hommes.

(2) Le marquis de Bouillé entra dans Saint-Eustache le 26 novembre 1781. Je rappelle l'époque précise des événemens d'après la *Gazette de France*. Quoique Dumont soit doué d'une très-heureuse mémoire, il ne se souvient pas des mois où ces événemens sont marqués.

Le comte de Grasse étant resté dix-huit jours à Saint-Christophe, cingla vers Marie-Galande (1). Bientôt un gabier cria : « Voile ! — Combien ? — Sept, dix, innombrables ! » Toute la flotte anglaise nous attendait en ligne. Nos frégates furent les premières attaquées par un grand nombre de frégates ennemies, de corvettes et de cutters ; et le combat général s'engageant, le comte de Grasse, qui montait, comme je l'ai dit, *la Ville de Paris*, percé à cent quarante, et portant cent trente (2), se rendit après avoir vaillamment combattu, seul, dix-huit heures, contre deux vaisseaux de sa force, un autre de soixante-quatorze, et des cutters. Si toute l'armée navale eût alors montré le même

---

(1) L'une des Antilles françaises, du gouvernement de la Guadeloupe.

(2) On va voir que ce vaisseau ne portait que cent dix.

courage que son amiral, quoique très-infé-
rieure en nombre, il est certain qu'elle fût
sortie glorieuse de cette grande lutte.

Le Duc de Bourgogne, commandé par le
marquis de Beaupoil, successeur de M. de
Ternay, fit bonne contenance ; il perdit ses
mâts de misaine et d'artimon, avec environ
cent soixante hommes, tant tués que blessés.
Le Neptune, de soixante-quatorze, animé
d'un beau zèle, malgré le signal du *sauve
qui peut!* donné par l'amiral, tenta de sau-
ver *le Duc de Bourgogne*, dont le danger
paraissait imminent ; il alla se placer entre
deux vaisseaux anglais qui foudroyaient
ce dernier, et lui donna le tems d'ef-
fectuer son passage jusqu'au fort Saint-
Charles. Ensuite, lui-même se dégagea de
ses ennemis, qu'il avait tant maltraités que
les deux vaisseaux n'osèrent le poursuivre ;
il en aurait certainement fait sa proie, si on
l'eût un peu secondé. Puis, il appareilla pour

la Martinique, où, quelques jours après ce terrible combat, *le Duc de Bourgogne* le rejoignit afin de réparer ses avaries (1).

---

(1) La bataille navale dont il est question se donna le 12 avril 1782, entre l'amiral Rodney et le comte de Grasse. La *Ville de Paris* portait cent dix canons, et non cent trente, comme le croyait Dumont ainsi que la plupart des marins. La *Gazette de France* du 31 mai 1782 renferme un extrait de la *Lettre de l'amiral Rodney*, à bord du Formidable, *à la mer, le 14 avril* 1782; le voici tel qu'il a été publié à Londres, dans la matinée du 19 mai, d'après la gazette de la cour du 18 :

« Monsieur, il a plu à Dieu, dans sa divine pro-
» vidence, accorder aux armes de S. M. une victoire
» très-complète, le 12 du courant, à la suite d'une
» bataille qui a duré avec une furie sans relâche, de-
» puis sept heures du matin jusqu'à dix heures et de-
» mie du soir, au coucher du soleil, époque à la-
» quelle l'affaire s'est terminée.

» Les deux flottes ont souffert considérablement;
» mais c'est avec la plus haute satisfaction que j'as-
» sure leurs seigneuries que, quoique les mâts, les
» voiles, les manœuvres, et même les corps des
» vaisseaux de la flotte anglaise soient endomma-
» gés, la perte a été peu considérable, eu égard à la

Après que nous fûmes en état de sortir,
nous fîmes voile vers la France. Notre route
fut heureuse ; mais en approchant des côtes
d'Oporto (Portugal) deux vaisseaux anglais
et une frégate, sortant de Lisbonne ; nous
poursuivirent jusqu'au détroit de Gibraltar.
Le Duc de Bourgogne se mit sous la protec-
tion d'Alcacire, où venait d'entrer le brick

» longue durée d'une bataille au plus près , et d'une
» action où les deux flottes en regardaient l'issue
» comme intéressant très-essentiellement l'honneur
» de leur roi et de leur pays respectifs. »
L'amiral, dit le journaliste anglais, joint à cette
lettre la liste des vaisseaux français pris, qui sont :
la Ville de Paris, de cent dix canons ; *le Glorieux*, de
soixante-quatorze ; *le César*, idem ; *l'Hector*, idem,
et *l'Ardent*, de soixante-quatre. A l'égard d'un vaisseau coulé bas, l'amiral n'en dit pas le nom. Il fait
monter les morts, à bord de sa flotte, à deux cent
trente, et les blessés, à sept cent cinquante-neuf. Il
nomme trois capitaines de vaisseau tués, trois lieu-
tenans tués, dix blessés, cinq capitaines des troupes
de la marine blessés, un lieutenant des mêmes trou-

le Lièvre, et qui avait pris chasse aux Antilles, dans la bataille navale.

Depuis la mort de M. de Ternay, je n'ap-
partenais à personne à bord du vaisseau ; je
tâchais de me rendre utile en offrant mes
soins aux officiers, quand ils faisaient le
quart. N'étant point compris sur les contrô-
les de la marine, je n'avais aucun droit à ce

---

pes tué, quatre blessés, un maître tué, six blessés,
et un pilote blessé.

Le même journaliste observe que l'amiral, écri-
vant deux jours après l'affaire, ne dit pas un mot de
ce qu'est devenue la flotte ennemie, de la position
où il se trouve vis-à-vis d'elle, de la possibilité de
pousser plus loin ses avantages ; il remarque sur-tout
qu'il n'est pas question du convoi français qui, sans
doute, s'était rendu à sa destination.

La *Gazette de France* garde un profond silence
sur une action si mémorable, probablement par
ordre de la cour. Toutefois on y remarque un supplément ainsi conçu : « Le patriotisme français s'em-
» presse de réparer les pertes que l'armée du Roi
» vient d'éprouver aux Antilles. MONSIEUR (aujour-

qu'on appelle *le plat*, c'est-à-dire les rations ;
mais on récompensait mon zèle de manière
à n'être point distingué des marins.

Comme on formait dans Alcacire le nouvel équipage du *Lièvre* avec une partie des
gens du *Duc de Bourgogne*, je m'attachai
au service de M. Lemoine, enseigne de ce
dernier vaisseau, et qui prit le commandement du brick. Le lendemain, ayant eu occasion de visiter l'hôpital de la ville, j'y ap-

---

» d'hui S. M. Louis XVIII) et M⁣ᵍʳ comte d'Artois
» ont donné des ordres pour la construction d'un
» vaisseau du premier rang, qu'ils ont offert à S. M. ;
» et le prince de Condé lui a présenté une délibé-
» ration des élus de Bourgogne, par laquelle ils sup-
» plient S. M., au nom de la province, d'accepter
» un vaisseau de cent dix canons. »
Le Roi nomma ce vaisseau *la Ville de Paris*. La
ville de Paris en offrit un semblable, qui fut agréé ;
on ne dit pas son nom. Le Roi ne crut point devoir
en accepter d'autres offerts par les troupes, les ad-
ministrations et les particuliers.

pris des choses qui m'engagèrent à quitter M. Lemoine. J'allai droit à Saint-Roch (1), où je reconnus les gens de la livrée de Mgr comte d'Artois. Il ne m'en fallut pas davantage pour essayer de m'introduire aux écuries, où l'on agréa mes services sans être en pied.

Mgr comte d'Artois vint à Saint-Roch visiter la place et les travaux. Je me souviens très-bien que S. A., en parcourant les lignes avec le duc de Crillon, grand d'Espagne, qui commandait en chef l'armée espagnole, tous deux mirent pied à terre avec leur suite, et se couchèrent sur le ventre, afin d'éviter l'effet meurtrier d'une bombe qui tomba tout près de la baraque d'une cantinière française. Cette femme sort tout-à-coup de cet endroit, ayant sur les bras ses deux

---

(1) Vis-à-vis de Gibraltar, alors assiégé (1782) par les Espagnols et les Français.

enfans, s'assied avec le plus, grand courage
sur la bombe, étouffe la mêche à la vue
de l'armée, et sauve ainsi du plus grand pé-
ril tout ce qui l'entoure. Témoin de ce beau
dévouement, S. A. lui accorda trois francs
par jour de haute-paie, avec la promesse d'a-
vancer son mari après le siége. Le duc de
Crillon imita la générosité du prince, et lui
assura cinq francs par jour (1).

---

(1) La *Gazette de France* ne parle point de cet événe-
nement, qui a dû arriver à la fin d'août ou en septembre 1782. Elle dit seulement : « Mᵍʳ comte d'Ar-
« tois étant arrivé devant Gibraltar, le 15 août dans
» la matinée, le duc de Crillon, qui avait été à une
» demi-lieue au-devant de lui, l'a conduit directe-
» ment aux lignes. »

Un mois avant la présence du prince, on écrivait
aussi d'Algésiras :

« .... Le comte de Lascy, général de l'artille-
» rie, est arrivé presque aussitôt que le duc de Cril-
» lon; ils ont visité ensemble les ouvrages, et en
» ont paru contens l'un et l'autre. Le duc de Cril-
» lon, en ennemi honnête et généreux, a, dit-on,

Quelque tems après, un courrier venu de
Madrid apporta la nouvelle que cent transports, escortés de quatorze vaisseaux, quit-
taient Lisbonne avec l'intention de jeter
du secours dans Gibraltar. Malgré cet avis,
le commandant de la flotte espagnole ne fit
aucune disposition pour aller au-devant des
ennemis, sous le prétexte, disait-on, qu'il
n'avait point d'ordre de la cour (1). M^{er}
comte d'Artois expédia de suite le comte

» fait offrir au général Elliot les provisions fraîches
» dont il pourrait avoir besoin pour sa table, et le
» gouverneur anglais, sensible à cette prévenance, a
» fait saluer d'un drapeau blanc le vainqueur de Ma-
» hon, lorsqu'il a été aperçu dans les lignes. » C'est
un trait que je n'ai pas cru devoir omettre.

(1) Il faut remarquer ici qu'on écrivait de Londres, le 11 juillet 1782, que la flotte française-espagnole était de quarante-quatre vaisseaux. On man-
dait de Cadix, le 30 octobre suivant, que l'amiral
Howe commandait trente-quatre vaisseaux et cinquante transports, et que le 11 du même mois une
tempête l'avait empêché de livrer combat à la flotte

de Montméry, aide - de - camp du quar-
tier-général, vers la flotte française qui observait Mahon et bloquait sept vaisseaux anglais.

En me séparant de M. Lemoine, j'étais
sorti du *Lièvre* ; j'y rentrai avec M. de Montméry, qui me prit à son service. *Le Lièvre*,
monté par cent quarante hommes, mit à la

---

française-espagnole. Enfin la *Gazette de Madrid* du
22 octobre s'exprime ainsi : « Vers le soir, les vigies
» signalèrent la flotte ennemie, qui s'avançait par
» un vent fort, mais qui lui était favorable. Alors le
» commandant-général (le duc de Crillon) fit venir
» tous les commandans de la flotte, qui furent una-
» nimement d'avis qu'il ne fallait pas mettre à la
» voile avant d'avoir entièrement réparé les vais-
» seaux qui avaient été endommagés, pour qu'on
» pût faire la disposition la plus prochaine d'aller au-
» devant de l'ennemi et de l'attaquer. »

Il est vraisemblable que cette expédition se rapporte à celle dont parle Dumont, qui la raconte sur
le bruit général de l'armée. Il était alors âgé de quatorze ans ; c'est un âge bien tendre pour se garantir
des erreurs de mémoire trente-sept ans plus tard.

voile à huit heures du matin (1). Le vent s'é-
leva dans la journée ; le soir, nous fûmes ac-
cueillis par une tempête horrible, et vers les
onze heures la fureur des vagues jeta le navire en débris sur les côtes d'Afrique, entre
Oran et Alger. Nous luttâmes contre les flots
pendant plus d'une heure, en tâchant de nous
arrêter sur la plage à l'aide de ce que chacun
avait pu saisir pour s'en faire un moyen de
salut. Vains efforts! les lames jetaient au loin
et ramenaient alternativement le brick au ri-
vage, jusqu'à ce qu'il fût totalement échoué.
Soixante personnes disparurent sous les
flots ; quatre-vingts parvinrent à terre, mou-
rant de lassitude.

Les *Koubals* (2), nation féroce, qui ob-

---

(1) C'était sans doute à la fin d'octobre, ou dans
les premiers jours de novembre 1782.

(2) Ce sont des Arabes commandés par un cheik (A).

DUMONT.

servaient le résultat de la tempête, et qui
s'en réjouissaient, fondirent à cheval sur
nous du haut de leurs montagnes, au milieu
des torrens de pluie, des vents, des éclairs et
du tonnerre, et massacrèrent à coups de
sabre, de lance, de pistolet, de fusil, une
grande partie de ceux qui s'étaient sauvés.
Nous essayâmes vainement de nous défendre, n'ayant d'autres armes à leur opposer
que du sable et la cruelle fatigue du jour.
Quelques-uns se laissèrent égorger comme
des moutons. Cependant, voyant le corps de
mon malheureux maître coupé en morceaux
après avoir courageusement et long-tems
disputé sa vie, la rage s'empara de moi; je
mordis aux jambes plusieurs Koubals; je
leur jetai du sable dans les yeux, et j'en pré-
cipitai trois à la mer, en soulevant leur
étrier. Cette action me coûta cher, car je
reçus des coups de damas sur la tête, au-
dessus des épaules et sur les bras. Une lance

me perça de part en part, et un coup de feu me laissa une balle dans le mollet.

Lorsque nous fûmes tous hors de combat, les Arabes emportèrent ce qui tomba sous leurs mains, et regagnèrent le sommet des montagnes. Je me traînai couvert de sang dans des broussailles, espérant me dérober le lendemain aux regards de ces barbares. J'avais l'espoir qu'en longeant la mer quelque vaisseau pourrait un jour me recueillir. Quoique mes blessures me fissent cruellement souffrir, je ne redoutais point la mort que je venais d'affronter. Je regrettais mon maître, et pleurais mes parens.

Nous étions encore environ trente personnes vivantes, plus ou moins blessées. A peine le jour parut-il, que les Arabes revinrent au galop (1). Ils nous lièrent les bras

---

(1) Les chevaux des Arabes leur obéissent d'une manière merveilleuse; ils montent au galop sur les

en croix, et nous attachèrent à la queue de leurs chevaux. S'ils nous firent grâce de la vie, c'est qu'il était jour, et qu'un point de, leur loi ne permet d'assassiner les chrétiens que la nuit ; c'est, selon eux, un moyen de salut : s'ils les égorgent de jour, le cheik fait tomber leur propre tête. Celui-ci donne dix piastres ou cinquante francs pour chaque chrétien qu'on lui amène ; mais les Koubals, qui aiment beaucoup l'argent, aiment encore mieux tuer, la nuit, ceux qui ne sont pas de leur religion , croyant fermement plaire à Mahomet.

Plusieurs de mes infortunés compagnons, ainsi traînés, tombaient de faiblesse et de douleurs. Nous marchâmes huit nuits de suite, nos gardiens n'osant nous faire voya-

---

genoux les montagnes les plus hautes et les plus escarpées , en biaisant un peu. Pour les descendre, ils se laissent glisser sur le derrière avec la plus grande vîtesse.　　　　　　　　　　DUMONT.

ger le jour, de peur que d'autres Koubals ne vinssent nous arracher de leurs mains, et nous livrer au cheik afin d'en obtenir la récompense promise. Durant le jour, ils campaient dans les bois autour de nous ; un peu de pain et d'eau soutenait les restes de notre vie.

La dernière marche se fit de jour, parce que nos conducteurs n'avaient plus rien à craindre. Nos souffrances se renouvelèrent, car chacun de nos pas rouvrait nos blessures, que le sang séché avait un peu refermées. Nous arrivâmes le soir à la montagne Félix. C'est la demeure du cheik Osman. Il a sous ses ordres une foule de cheiks, qui dominent chacun sur deux ou trois montagnes. Sur ces montagnes sont des *adouars*. On donne ce nom à des tentes renfermant quarante à cinquante personnes. Une famille compose un adouar. Le nombre des tentes sert à désigner les villages, les bourgs et les villes. Il n'y a de maisons dans ces contrées que le palais d'Osman et son bagne. Tout le pays situé entre Oran, Alger, Tunis et Maroc, lui appartient.

Les cheiks doivent un tribut annuel à Osman, qui consiste en argent, en cire, en miel, en dents d'éléphant, peaux, laines, plumes d'autruche, etc. Quand ils ne peuvent le payer, ils attaquent et ravagent le territoire de leurs confrères qui sont incapables de leur résister. Si le tribut n'est pas déposé dans la quinzaine aux pieds d'Osman, il fait tomber la tête du cheik, à moins que ce dernier ne soit justifié par des événemens imprévus dont lui, Osman, juge tout seul l'importance.

Ce grand cheik, sorte de pape-roi belliqueux, réside dans un palais de deux étages, construit en pierre, et terminé en terrasse. Trois cents femmes y sont renfermées et servies par un égal nombre de personnes de leur sexe. Elles se promènent dans le jardin, qui est très-vaste et rempli des plus beaux fruits comme des plus belles fleurs. Leur vue se borne à l'intérieur du palais ; et quoiqu'il leur soit permis de prendre l'air sur les terrasses, elles ne peuvent jeter les yeux au-dehors, en ce que les murs du jardin sont trop élevés.

On nous présente à Osman ; c'est un bel homme, de cinq pieds huit pouces, qui est aujourd'hui âgé de cinquante-cinq ans. Il nous demande à quelle nation nous appartenons. Sur la réponse : *Français*, il dit : *Français! sans foi, sans loi, malins et diables;* puis il ajoute : « Qu'on les mette à la chaîne. » Cet ordre reçut à l'instant son exécution.

J'étais estropié, j'avais le ventre horriblement enflé; mes camarades n'étaient pas moins souffrans : trois d'entre eux moururent quelques jours après leur arrivée. On nous mit tout nus, sans chemise, hors un court jupon de laine, à la manière des Ecossais, qui ne descend qu'au milieu de la cuisse. On nous attacha deux à deux à une grosse chaîne d'environ dix pieds de long, pesant soixante livres. Elle est fixée au pied par un *grillet*, morceau de fer en forme de fer à cheval, où passe une cheville maintenue par une chape. Pour en alléger le poids, l'esclave se fait une ceinture d'herbes ou de chanvre, avec laquelle il en relève deux ou trois pieds, qu'il laisse tomber à volonté; mais elle ne quitte jamais le *grillet;* de sorte que ces deux hommes sont inséparables tant que la chape, enfoncée à coups de marteau, y demeure, et on ne la retire que pour changer l'un des deux compagnons. Du reste, la chaîne ressemble à celle de nos galériens, si ce n'est qu'elle a plus de grosseur.

Ainsi nus, chargés de fers, nous fûmes

conduits au bagne, qui se trouve encore à une demi-lieue du palais. Ce bâtiment, d'une longueur extraordinaire, ressemble à une vaste écurie ; deux mille esclaves y sont détenus ; il peut en contenir aisément deux mille cinq cents. Les murs ont environ quarante pieds de hauteur et huit d'épaisseur. Le toit ressemble aux nôtres, hors qu'il se compose de planches taillées en forme d'ardoise. Il est bas, comparé à la longueur de l'édifice. Un mélange de chaux et de sable en fait le plafond. Quoiqu'on ait pratiqué un grand nombre de fenêtres, fermées par de gros barreaux de fer très-serrés, le bagne est assez obscur. Ces ouvertures, à la hauteur du sein de l'homme, lui permettent de voir, toutes les nuits, les animaux féroces venant, alléchés par l'odeur de la chair humaine dont ils sont très-friands, pousser à travers les grilles des hurlemens épouvantables, qui font dresser les cheveux. Les fenêtres, hautes et larges, sont séparées par un intervalle de dix pieds.

Sur la largeur des murs formant terrasse, règne une foule de guérites assez vastes pour contenir quinze pers᠆nes; c'est la demeure des gardiens. Il y a soixante guérites environ, à quarante pieds de distance entre elles; on y monte en dehors par une échelle très-large, très-forte, capable de soutenir trois hommes de front, qui s'élève et s'abaisse comme un pont-levis. Arrivés à la terrasse, les gardiens se rendent à leur guérite respective. Ils entretiennent un feu de charbon pour allumer leurs pipes et chauffer leur café, dont chacun prend, la nuit, au moins deux litres sans sucre. Ils ne vont point au travail quand ils font le quart. Constamment armés sans jamais quitter leurs vêtemens, ils tirent souvent des coups de fusil, chargés de gros sel, sur les esclaves qui font un peu de bruit dans le bagne. Ils veillent comme nos sentinelles, et s'avertissent fréquemment par ces mots : *Prends garde aux chrétiens!* La différence, c'est que la sentinelle veille seule à son quartier, au lieu que les Arabes étant douze ou quinze dans une guérite, il suffit qu'une seule personne soit éveillée pour jeter le cri.

Au milieu du bagne, pavé en pente des deux côtés, passe un ruisseau de deux pieds de large, qui emporte les immondices des esclaves. L'eau vient d'une centaine de peaux de bœufs, préparées pour la contenir. Les Arabes la tirent des rochers voisins, et l'amènent dans des outres portées sur des chameaux. Ces peaux sont suspendues au bout du bagne. On en laisse tomber l'eau par le moyen d'une cheville attachée à la patte de devant.

A notre arrivée, les esclave se réjouirent de voir de nouveaux compagnons de leurs

misères (1). On retint notre chaîne, par le
milieu avec un cadenas, à un piton fixé dans
la muraille à trois pieds de hauteur. Un peu
de paille nous fut accordé, une pierre pour
oreiller, et la permission de dormir si nous
pouvions ; ce qui n'était pas aisé, car des pe-
lotes de punaises nous tombaient sur le corps ;
nous les écrasions par poignées en nous
éveillant en sursaut ; de sorte que le matin,
nous regardant mon camarade et moi, nous
nous vîmes, avec le plus grand étonnement,
tout couverts de pustules et d'un sang noir.
En vérité, nous ne savions trop s'il nous
fallait rire ou pleurer devant deux mille

---

(1) Les onze premières années de ma captivité se
sont passées sans avoir vu au bagne un nouvel esclave. Le premier qui tomba depuis dans les mains
du cheik était Espagnol. Il semble qu'il ait tenu la
fatale porte ouverte, car tous les quatre mois au plus
jusqu'à mon départ, il nous en venait de tous les
coins de l'Europe.   DUMONT.

hommes tout nus sur deux rangs, avec des barbes d'une effroyable longueur, et qui, pour la plupart, se mirent à boire de l'eau dans des crânes humains, faute de vases (1).

Quoique mes blessures me causassent de grandes douleurs, sur-tout le coup de lance qui me traversait le corps, il me fallut aller au travail comme les autres, à six heures du matin, traînant la chaîne, et ramassant (on nous les jette comme aux chiens) trois épis de blé de Turquie pour déjeûner, dîner, souper. On broie les épis, et l'on en mange la poudre que l'on délaie, si l'on peut, car les gardiens aux champs ne vous donnent pas d'eau. Après avoir tiré toute la journée une charrue avec une douzaine d'esclaves, je fus

---

(1) Il y a ici des détails d'une telle nature que je ne puis, en conscience, les mettre sous les yeux d'un lecteur honnête. C'est le seul endroit que j'aie supprimé par respect pour la décence publique.

ramené à la nuit tombante en prison, écrasé
de lassitude et meurtri des coups que j'avais
déjà reçus pour essayer de m'accoutumer au
régime des gardiens, qui jamais n'adressent
la parole qu'en frappant.

Un Italien, voisin de ma chaîne, touché
de mes souffrances, prit un bâton qu'il en-
veloppa de chanvre, le fit entrer dans la
plaie du coup de lance, rouvrit l'extrémité
qui s'était refermée, perça la peau en me
causant d'indicibles tourmens toutes les fois
que le bâton tournait, et vint à bout d'établir une espèce de séton avec le chanvre qu'il
avait mouillé dans l'urine et l'eau de mauve
pilée devant moi dans un crâne. Je fis une
pelote de chanvre, que je portais constamment à ma ceinture, et l'humectant sans
cesse, comme je viens de le dire, je guéris
au bout de trois mois. Seulement j'ai conservé près du nombril une grosseur qui va-
rie dans les mauvais tems. Il me restait en-

core un peu de douleur de la balle qui m'avait atteint au mollet ; je m'en affranchis à l'aide d'un mauvais couteau : la balle ôtée, la douleur cessa.

Parmi les deux mille personnes du bagne, il se trouve des vieillards ; ceux-ci n'ont qu'une demi-chaîne. On les occupe dans l'intérieur du bâtiment à nettoyer les ordures, à les pousser dans le ruisseau, à faire écouler les eaux, à rôtir les punaises avec de la paille allumée au bout de longs bâtons, etc. Ces infortunés sont encore plus maltraités que les autres, car étant battus par les gardiens, ils demeurent encore les esclaves des esclaves, dont l'impatience, irritée par les mauvais traitemens, cherche une prompte vengeance, tantôt en leur crachant au visage, tantôt en les frappant, tantôt en leur lançant des pierres. Quand leur faiblesse ne leur permet plus aucun travail, les gardiens les tuent d'un coup de fusil ; il en est de même des jeunes

gens qui tombent malades et laissent peu
d'espoir de guérison. On les jette dehors ;
ils sont aussitôt déchirés par des lions, ou des
tigres. ou des léopards, ou des panthères ;
quelquefois par des loups, des ours, des san-
gliers. Les animaux, pour conserver leur
proie, se battent entre eux, et ce spectacle,
fort intéressant pour les Arabes, les met
dans une grande gaîté. « Vois-tu, disent-ils,
» ce chrétien ? Dieu ne le connaît pas, puis-
» qu'il le laisse dévorer. » Si l'on avait le
cœur d'un Koubal, on pourrait répondre à
son argument, en imitant sa férocité.

Ce sont ordinairement les crânes des hommes tués à coups de fusil qui servent de vases
aux esclaves ; car le corps des suicides étant
toujours porté par son camarade de chaîne
à la montagne, roule au loin dans la plaine.
Cet événement n'a jamais lieu sans être accompagné d'une volée de coups sur les compagnons les plus près de celui qui se pend,

parce que les gardiens prétendent qu'il fallait l'empêcher de se soustraire à l'esclavage : telle est leur justice.

J'en ai fait moi-même la cruelle expérience. Mon camarade, jeune pilote italien, ayant pris la résolution de mourir, se pendit la nuit avec une tresse de chanvre, faite à la dérobée, le vendredi (dimanche des Arabes). Il l'avait attachée à un os fixé dans le mur. Je m'en aperçus assez tôt pour le prendre au milieu du corps, et le faire tomber par une secousse ; ce qui lui rendit le cou tors pendant plus de deux mois. Mais cette fantaisie lui étant revenue, je le sentis me donner un coup de pied dans les reins, en s'accrochant à l'os qui lui servait de clou : je l'y laissai jusqu'au point du jour, que je reçus mon salaire et son cadavre sur les épaules.

Un autre de mes compagnons de chaîne, tombé malade, fut tué d'un coup de fusil ; son crâne m'a servi quatorze ans ; je l'ai emporté jusqu'à Marseille, ainsi qu'on le verra par la suite. Trois sont morts à mes côtés, dont deux à coups de fusil, et l'Italien de qui je viens de parler. Durant ma captivité, j'ai au moins eu trente camarades de chaîne, jamais un Français ; on avait trop grand soin de séparer les compatriotes, de peur des complots. Cela m'a fourni le moyen d'apprendre plusieurs langues : aussi parlé-je, avec la même vitesse que le français, l'arabe, l'anglais, l'italien, l'espagnol, le portugais ; et je comprends un peu l'allemand, le hollandais et le flamand.

Les esclaves se lèvent à deux heures du matin, de peur des coups de bâton (1), qui arrivent toujours assez tôt. Les uns travail-

---

(1) Ce bâton est d'un bois aussi dur que pliant, de la grosseur du pouce, et de la longueur de cinq pieds. Les Koubals en ont des provisions de paquets qu'ils conservent dans l'eau pour être toujours flexibles ; on fait des cercles de ce bois. DUMONT.

lent au jardin du cheik, les autres coupent
du bois, ceux-ci défrichent des montagnes,
ceux-là tirent la charrue. J'allais souvent
jusqu'à cinq ou six lieues du bagne labourer
la terre. Là, six ou huit paires d'esclaves
étaient attachés, par des bretelles, aux tra-
verses du timon d'une charrue, qu'ils traî-
naient en même tems qu'elle était dirigée
par deux autres compagnons. Pendant le
travail, des Koubals tirés des adouars (1)
faisaient avec nos gardiens le cercle autour
de nous, non pour nous garder, car la fuite
est impossible, même sans chaîne, sur un territoire où pas un chemin n'est frayé, et où les
Arabes n'osent s'engager sans une caravane
d'au moins vingt personnes bien armées,
mais afin de nous préserver de la fureur

---

(1) Chaque adouar est obligé de fournir aux champs
un certain nombre d'hommes durant un tems à la
garde des esclaves.   DUMONT.

des bêtes féroces, qui vont par troupes en ces lieux : elles y sont toutes d'une monstrueuse grosseur. Les lions principalement et les tigres ne le cèdent point, en taille, à nos mulets ordinaires. Sans les précautions des Arabes, les esclaves courraient les plus grands dangers. Cependant, lorsque les lions ne sont point pressés par la faim, ils ne font aucun mal. Quelquefois, sortant des forêts, ils se posent sur le derrière, et nous font admirer leur énorme queue dont ils se battent les flancs, et leur immense crinière qu'ils agitent avec la plus grande majesté. Mais quand ils s'avisent de rugir, tous les échos de la montagne retentissent horriblement, et nous laissent un frisson difficile à décrire.

Il y a toujours cent cinquante hommes armés pour veiller à la sûreté de cent esclaves. Chaque Koubal, muni de sa lance, a dix coups à tirer ; quoiqu'il soit incessamment en surveillance, cela n'empêche pas quelquefois le lion d'emporter sa proie, comme je le lui ai vu faire d'un malheureux Espagnol affligé de la dyssenterie. Il s'était écarté de quatre ou cinq pas de son compagnon en ôtant le crochet de sa ceinture. Tout-à-coup un lion sort des bois, s'élance sur lui, l'emporte dans sa gueule, quand un Koubal qui l'aperçoit s'écrie : *Prends garde au lion !* On accourt, on le cerne, on le tue, mais il n'était plus tems ; l'Espagnol avait cessé de vivre. Nous trouvâmes ses entrailles déchirées d'un seul coup de dent. Il est à remarquer que les cris des hommes chassent les bêtes lorsqu'elles se montrent, et que les coups de feu les attirent du fond des forêts, comme si la curiosité entrait pour quelque chose dans leur instinct.

Les Arabes adressent trois fois par jour leur prière à Dieu ou à Mahomet. C'est une messe d'obligation qu'ils disent à deux heures du matin, à midi, et à quatre heures du soir.

Ils devraient, selon l'Alcoran, se laver toutes les parties du corps avec de l'eau ; comme ils en manquent aux champs, une pierre ou de la terre y supplée: Leur corps en est frotté environ dix minutes, et c'est ce tems si précieux de midi que prennent les esclaves pour dérober à la hâte tous les fruits, les légumes, et même le blé qu'ils rencontrent en leur chemin. Ce n'est pas que ce vol soit autorisé par les gardiens ; mais rien au monde ne pouvant les distraire de leur office, le vol s'effectue impunément. Alors, malheur aux terres du propriétaire voisin des esclaves! car tout ce qui est volé et entré dans les rangs passe pour bonne prise. Aussi les riches propriétaires, avertis par les Koubals que les esclaves traverseront leurs champs à telle époque, ont-ils soin de récompenser les gardiens, en ce que souvent leur récolte a pu s'opérer avant le tems prescrit.

Lorsque la prière des gardiens est fi-
nie, s'ils voient les esclaves continuer leurs
rapides larcins, ils prennent des pierres
d'un sac attaché à la selle de leurs chevaux,
sur lesquels ils sont toujours montés, et les
leur lancent afin de les faire cesser. Il arrive
fréquemment que par maladresse ou l'éloi-
gnement le coupable est épargné et l'inno-
cent atteint ; alors les coups réparent en un
moment l'injustice du sort.

Nos vols n'ont pourtant d'autre but que
de nous empêcher de mourir de faim, puisque trois épis de blé de Turquie ne peuvent
soutenir vingt-quatre heures des hommes
qui supportent autant de fatigue. On fait une
sorte de soupe avec le maïs broyé et les légumes dérobés ; on les presse dans des vases
cassés trouvés au milieu des champs, ou dans
de vieilles marmites que l'on achète aux
gardiens au moyen d'une masse d'épis en
réserve depuis long-tems. C'est le résultat

de l'économie d'un épi par jour, entre six hommes qui sont les plus près les uns des autres, quand ils peuvent butiner dans des terres fécondes.

Je sais qu'en allant ainsi en curée j'eus beaucoup de peine à prendre un chou; le pays est si fertile, que tout ce qui sert à la nourriture des hommes y est prodigieux et d'un excellent goût. J'essayais donc vainement d'arracher mon chou en me balançant de diverses façons; je n'en vins à bout qu'avec le secours de mon camarade, qui me tirait de toutes ses forces par le milieu du corps, tandis que j'employais les miennes à déraciner le fruit. Ayant enfin cédé à nos efforts réunis, mon camarade l'emporta. Je trouvai le moyen d'amener également un mouton, malgré quelques centaines de coups appliqués sur mes épaules par le propriétaire, qui ne put le reprendre dès que le vol fut dans les rangs. Cet animal nous a ré-

galés huit jours les quatre compagnóns voisins de ma chaîne, mon camarade et moi.
Nous lui arrachâmes la tête, faute d'instru-
ment tranchant, et commençâmes la fête
par les intestins, qui devaient être dans
l'état que chacun s'imagine. Nous vendîmes
la peau à l'un de nos gardiens pour un vieux
vase de cuivre. Le restant de nos repas,
cuit au feu qu'entretenaient des branches en-
levées, demeurait accroché au-dessus de ma
chaîne ; ce qui semble de toute justice, puisque
j'étais le héros du festin (B).

Néanmoins les coups pleuvaient de toutes
parts ; le sang ruisselait sur notre corps ; les
Koubals le recueillaient avec leur doigt, et
le portant à leur bouche : « Ah! s'écriaient-
ils, que le sang des chrétiens est doux! » En
allant aux champs, parmi des terrains incultes, nous ressentions une faim et une soif dé-
vorantes ; le soleil dardait à plomb ses rayons
sur notre peau couleur chocolat foncé. Qu'on

juge de ses effets au milieu du jour, dans la canicule, sur des dos écorchés! Nous couvrions notre tête d'une couronne de feuillage, et nous ombragions notre poitrine de notre barbe. La mienne, au bout d'une quinzaine d'années d'esclavage, me descendait au nombril : je la crêpais avec mes doigts et l'étendais de manière à me garantir de la chaleur, du vent et de la pluie.

Quelquefois, si nous rencontrions en chemin une moitié d'ours ou de sanglier déchiré par les tigres ou les lions, nous demandions la permission d'achever leur rebut. « Oui, mange! chien de chrétien, » répondaient les Koubals. Alors, nous nous disputions cet horrible partage. D'autrefois encore, nous étions tellement pressés par la soif, que plusieurs recueillaient leur urine, ou celle des chevaux qui restait dans la trace de leurs pas.

Pour moi, j'atténuais ma soif en portant à ma bouche soit un brin de paille, soit une petite

pierre, soit un noyau d'olive que je conservais
sur ma langue toute la journée. Mais rien
n'égale les horreurs de celle que nous endu-
râmes un jour où le feu prit au bagne. Quoique
personne ne périt, nos barbes et nos cheveux
furent en partie brûlés. L'eau qui devait nous
rafraîchir fut lâchée pour éteindre la flamme.
La chaleur et les tourbillons de fumée nous
étouffaient ; nous écumions à la chaîne ; nous
nous crûmes un instant tous rôtis. On ne voulut jamais nous détacher, sans doute afin d'éviter le désordre ; et l'on ne nous accorda de
l'eau qu'à l'époque où elle devait se renouveler, sans avoir égard à la consommation
exigée par l'incendie. Nous reçûmes encore
en dédommagement une volée de coups, les
uns pour avoir mis le feu par négligence, les
autres pour n'avoir pas prévenu l'accident,
d'autres pour avoir eu peut-être l'intention
criminelle de s'échapper en profitant de la
confusion.

On conçoit qu'avec un pareil genre de vie notre corps s'endurcissait à la fatigue, ainsi qu'aux durs traitemens. Nous avions les mains si remplies de callosités qu'il nous était impossible de les fermer, même à moitié. La plante des pieds était devenue une espèce de corne plus épaisse que celle des chevaux : ce n'est point une exagération; l'on aurait pu nous ferrer sans douleur; jamais nous n'en éprouvions en passant dans les broussailles et les ronces. Les épines qui pénétraient cette partie y pourrissaient à notre insu. Il n'en était pas de même de la tête, car ceux qui troublaient imprudemment le repos des ruches afin de recueillir leur miel, nous mettaient en belle humeur, en reprenant leur rang avec des têtes enflées comme des ballons.

Les gardiens, à qui la pitié est totalement étrangère, ont coutume de redoubler les châtimens sur ceux des esclaves dont le na-

turel leur paraît le plus sensible. Cette remarque ne pouvait m'échapper : je chantais
presque toujours quand j'étais rossé, ce qui
m'épargnait une bonne moitié de la correction journalière. « Celui-là est de fer, disaient
» les gardiens, il est inutile de le toucher. »
Mes chants néanmoins ne m'ont pas toujours porté bonheur.

Un prince de Maroc étant venu à la montagne Félix dans le dessein de faire ses re-
couvremens (1), poussa jusqu'aux champs où
je travaillais. Il avait une suite de noirs très-
nombreuse. Un porte-drapeau tenait à son

---

(1) L'empereur de Maroc envoie tous les ans des
bestiaux pour être vendus en foire aux montagnes du
cheik. La vente s'opère comptant, ou dans six mois,
ou dans un an, sans écrit, *sur la foi de la loi de Mahomet.* Quand le délai des conventions est expiré, un
prince maroquin réclame son paiement auprès du
cheik, qui a reçu l'argent des habitans. Les commis
de ce dernier tiennent registre de toutes les ventes.
DUMONT.

côté le pavillon roulé de la loi de Mahomet, sur lequel sont écrits ces mots : *Parole de Mahomet.* C'est une arme terrible dans les mains du prince, avec laquelle il impose silence au cheik même : s'il le déployait, tous les Arabes abandonneraient leur maître pour suivre le Maroquin, et prendraient les armes en sa faveur.

Nous fûmes étrangement surpris, à son arrivée, de voir nos gardiens mettre pied à terre, aller les yeux baissés avec le plus profond respect lui baiser la manche (le cheik peut seul lui baiser la main). Nous demandâmes à l'un d'eux, renégat liégeois, moins dur que ses confrères, quel était ce personnage d'une si haute importance, et pour lequel on avait tant de vénération. Dès qu'il nous l'eût expliqué, mes camarades m'adressèrent la parole en me disant : « Dumont ! toi qui sais la langue du prince, va le prier de nous accorder quelque chose. »

Après un moment d'hésitation, j'emmène
mon camarade : nous nous précipitons aux
genoux du prince, et j'en sollicite une charité
pour l'amour de Dieu. « Pourquoi as-tu re-
nié la loi? me dit-il, croyant que j'étais un
Arabe fait chrétien. Vois-tu comme Dieu te
punit? » Je réponds avec assurance : Non,
Monseigneur, je ne suis point Arabe, je suis
chrétien. — Quelle est ta nation? — La
France. — Ah! tu es Français! *Français,
sans foi, sans loi, malins et diables* (1).
Ecoute : si tu veux renier ta religion et embrasser celle de Mahomet, je te conduirai
dans mon pays et te ferai du bien. — Non,
Monseigneur, je suis homme et chrétien, je
veux mourir au sein de ma religion. Celui
qui renie sa loi n'en connaît aucune. » Le
prince se tourne alors vers son aide-de-camp,
et dit à haute voix : « Il a raison. » Tirant

_____

(1) Ce sont les mêmes termes d'Osman.

aussitôt cent sequins (mille francs) de sa poche : « Tiens, me dit-il gracieusement, voilà pour toi et tes compagnons (1). »

Nos gardiens ont deux chefs ; le premier s'appelle gardien *bâche*, le second gardien *kail* : ce mot se prononce comme *caille*, oiseau, mais il est plus bref. Le *bâche* a droit de vie et de mort sur les esclaves et leurs gardiens ; il ne doit compte de sa conduite qu'au cheik, qui approuve constamment ses raisons. Il lui suffit de montrer la tête qu'il a fait tomber. Le *bâche* ne vient guère au bagne que cinq ou six fois par an. Les punitions qu'il ordonne sont toujour sévères : la mort ou six cents coups de bâton au moins (2). Cependant nous désirions

---

(1) Je donne ce colloque tel que Dumont me l'a dicté ; je n'y change pas un mot.

(2) Quand le gardien *bâche* inflige une peine de cette espèce, c'est toujours sur le derrière et sous les

sa venue ainsi que celle d'Osman, qui était encore plus rare, parce que nous en obtenions toujours quelque chose, comme d'avoir la permission de faire griller les punaises, et d'éloigner de trop méchans gardiens.

Le *kail* m'ayant vu recevoir l'argent du

---

pieds. On met le patient sur le ventre, les mains attachées au dos. Sa tête est sous le derrière d'un gardien, qui lui pose les talons sur ses hanches, et ramène ses bras sur le cou. Dans cet état, on place les pieds de l'esclave l'un contre l'autre, au milieu d'un bâton tenu par deux Arabes. Ce bâton est percé de deux trous, où passe une corde qui assujettit les pieds, de telle sorte qu'en le tournant un peu, le malheureux se trouve dans l'impossibilité d'opérer le moindre mouvement. Cette attitude si pénible est encore plus douloureuse que les coups, parce qu'il arrive aux gardiens de serrer si fort, que la corde coupe les chairs.

Deux gardiens appliquent la punition; jamais ils ne frappent plus de vingt-cinq coups chacun; d'autres les remplacent jusqu'à ce que le gardien *bâche*, qui compte les coups lui-même avec un chapelet de cent un grains, fasse le signal de terminer la correction. DUMONT.

5

prince maroquin l'exigea dès qu'il fut parti,
avec les menaces des châtimens ordinaires.
Je n'en fis aucun cas; et sans redouter ses
criailleries, je partageai la somme entière
avec mes compagnons; ne me réservant que
cinq sequins pour mon camarade et moi. On
pense bien que la colère du *kaïl* n'épargna
personne : la grêle tombant sur nos toits a
moins de rapidité que les coups sur nos dos.
Ce fut en vain, le bâton ne put nous arracher un sou. Quelques esclaves, afin d'abré-
ger leurs souffrances, eurent la faiblesse
d'avouer qu'ils m'avaient conseillé de lui re-
mettre l'argent. Cet aveu le rend furieux;
il redouble mes tourmens sans succès; mon
opiniâtreté demeure inébranlable, tant le
sentiment de l'injustice m'endurcissait contre sa cruauté.

Hélas! j'ignorais que la haine qu'il allait
me vouer tout particulièrement n'avait d'autre terme que la durée de ma vie. En effet,

le barbare, plus cruel encore que les lions qui l'entourent, et qui ne font aucun mal quand ils ne sont point affamés, m'accabla de meurtrissures toute une année, sans m'épargner un seul jour.

Jusqu'alors mon tempérament s'était soutenu vigoureux ; mon courage égalait ma force. Dans cette longue suite de maux, triste, maigre, chétif, exténué, je prenais la vie en dégoût ; mes larmes coulaient journellement, moi qui n'en avais pas versé depuis la première année de ma captivité (1).

Hors d'état de résister plus long-tems à cet amas de souffrances imméritées, je résolus de mourir. Des accès de rage me saisirent ; ils me rendirent la force que depuis six mois

_____

(1) Au récit de ce passage, les yeux de Dumont se sont mouillés de pleurs ; son émotion était visible. On conçoit qu'un tel souvenir doit exercer un grand pouvoir sur la sensibilité.

je n'avais plus. Je me jetai sur quelques-
uns des misérables dont la coupable lâcheté,
lorsque j'en prenais soin, puisque je leur dis-
tribuais les bienfaits du prince de Maroc;
dont l'insigne lâcheté, dis-je, me valait la
fureur soutenue de mon persécuteur. Je les
mordis, et ne lâchai la prise qu'avec le morceau, malgré les coups des gardiens pour
me faire cesser. Un Espagnol sur-tout reçut
de mes dents une blessure au sein de neuf
pouces de circonférence.

Avec de semblables dispositions, le *kail*
avait tout à craindre. Un vendredi (jour de
repos) je prévins mon camarade que, si mon
bourreau me touchait, je lui sauterais à la
gorge, déterminé à recevoir la mort après
ma vengeance. Le lendemain, deux cents esclaves avaient passé la porte, qui est basse,
sans avoir été frappés. Quand mon tour vint
de m'incliner pour franchir le pas, un coup
si violent m'atteignit aux reins, que j'en flé-

chis et perdis la respiration. Presque aussitôt je me dresse et m'étends les bras ; je
m'empare d'une grosse pierre, je la jette
avec force à la tête du *kail*, dont l'œil sort
de son orbite ; je m'élance comme un tigre
à son sein qui se détache à la suite de mes
transports, sans ressentir les coups des gardiens, tombant à-la-fois sur toutes les parties
de mon corps.

On sent bien qu'un funeste exemple, l'in-
subordination, la révolte, les mains et les
dents portées sur le second chef des gardiens,
devaient avoir des suites terribles : je m'y
étais attendu, puisque je soupirais après la
fin de mes maux, dont la tête tranchée est le
remède. Si le gardien *bâche* eût été présent,
l'affaire n'aurait sans doute point traîné ; mais
le *kail* n'a pas le même pouvoir. Il lui fallut
donc porter ses plaintes au cheik avec la pièce
de conviction, c'est-à-dire moi-même. A cet
effet, pour procéder en règle, on me dé-

chaîne ; un mulet s'avance, sur lequel on me couche à plat, les pieds et les mains liés sous le ventre de l'animal. Conduit ainsi au trot, accompagné d'une pluie de coups sans intervalle jusqu'au palais du cheik, éloigné, comme je l'ai dit, d'une demi-lieue, j'arrive presque évanoui. L'attitude, le traitement, l'allure du mulet, m'avaient rendu le visage tout noir, car le sang s'était porté vivement à ma tête ; j'avais en outre le corps déchiré.

En arrêtant le mulet devant Osman, on me détache, et l'on me jette à terre comme une charge. Le *kail* va se plaindre. Osman paraît au balcon. Je respire un moment. Il me demande pourquoi j'ai maltraité ce chef de gardiens. « Je te prie, *par la loi,* lui dis-je, de me laisser parler : tu me trancheras la tête après, si tu le veux.— Allons, parle, chien! » me répond le cheik. Je lui raconte brièvement la venue du prince maroquin au lieu de nos travaux, la distribution de son

argent à mes camarades, la volonté du *kail*
de s'en emparer; puis j'ajoutai que le prince
m'avait donné les cent sequins pour *la dévotion à Mahomet* (1), dont, selon sa réplique,
le *kail* s'embarrassait fort peu, pourvu qu'il
touchât les sequins; qu'il m'était impossible
de remplir son vœu, puisque mes compagnons les avaient partagés.

« De quelle main as-tu lancé la pierre? »
reprend le cheik. Faisant la réflexion rapide
que cette question tend à me faire couper la
main droite, j'accuse la gauche sans hésiter,
en ce qu'elle m'est d'un usage moins précieux. Soudain Osman ordonne qu'on m'attache *la falaque*. C'est une courroie qui,
prenant le poignet en dessous, va saisir les
troisième et quatrième doigts, afin de fixer

---

(1) Le *kail* ne dit rien du prophète; mais ce men-
songe sauva la tête de Dumont, dans une circons-
tance où il avait pris son chef gardien en une juste
horreur.

la main étendue sur une table au moyen d'un tourniquet. L'autre main, également étendue, est attachée à une poulie à la hauteur de l'homme, ce qui lui donne en quelque sorte jusqu'au milieu du corps la position d'un crucifié.

Deux gardiens me frappèrent à coups de bâton dans la main gauche, à la manière des maréchaux, jusqu'à ce qu'il plût au cheik de suspendre le châtiment, qui dura près de vingt minutes. Ma main en sortit en lambeaux, dépouillée, écrasée ; elle y perdit tous les ongles ; on ne voyait plus que les nerfs ; j'en suis estropié pour toujours.

Osman me fit détacher : « As-tu vu, dit-il au *kail*, comme j'ai châtié le chrétien ? » Le gardien, montrant un air satisfait, le remercie de la rigueur que venait de déployer son maître, et approuve tant de justice. Mais Osman le regarde en courroux, et lui adresse ces mots terribles : « Toi ! pour avoir préféré l'argent à la loi de Mahomet, tu seras pendu. » Ce qui fut exécuté à l'instant au premier arbre (1).

On me ramène à pied dans le bagne, laissant une trace de sang sur ma route ; et de suite, afin de mettre mon tems à profit, on me dirige vers une meule à repasser des outils. Je l'ai tournée du bras droit pendant un an, c'est-à-dire tout le tems qu'il m'a fallu pour guérir le bras gauche. Ma guérison s'est opérée, ou plutôt les chairs et les ongles ont reparu sans autre remède que l'urine de mes compagnons. Combien j'ai souffert encore à cette maudite meule ! Les Arabes des adouars voisins, qui connaissaient la puni-

---

(1) Lorsqu'on pend un Arabe, il chante en invoquant ainsi le prophète : « O Mahomet, Mahomet, sois-moi propice auprès de Dieu ! » Un Koubal le prend par les cuisses, le soulève et l'accroche tranquillement, sans que le condamné fasse le moindre effort pour se soustraire au supplice.   DUMONT.

tion du *kail* et son auteur, venaient, à dessein de me tourmenter, repasser leurs haches à ma pierre ; ils s'appuyaient de tout le poids de leur corps, afin de me rendre le travail plus pénible. « Tourne donc, chien de chrétien ! » s'écriaient-ils comme des furieux en me donnant des coups de pied, des coups de poing, et me crachant au visage. La main droite accablée de lassitude me causait quelquefois plus de douleur que la gauche. Ah ! que je regrettais, dans ces jours cruels, les plus rudes travaux des champs ! Je n'éprouvais un quart d'heure de soulagement que lorsqu'il arrivait aux esclaves de repasser les bêches, parce qu'étant deux à la chaîne, mon service leur devenait inutile.

Dès qu'il me fut permis de suivre les travaux ordinaires, ma main droite armée d'une pioche, et mon bras gauche assez roide, offrirent encore au cheik quelque utilité. Mon camarade avait soin de remuer la terre de-

vant moi, dans l'intention de faciliter ma
tâche. Je lui en savais gré, et ne manquais
jamais de le rendre participant aux petits
vols que mon bonheur couronnait. Je rece-
vais bien à ce sujet quelques coups, assez lar-
gement distribués, mais moins souvent depuis la mort du *kail;* les gardiens redou-
taient mes plaintes, qui auraient pu compro-
mettre leur sûreté.

Ils sont aussi responsables de chaque esclave confié à leurs soins ; s'ils ne rapportent
au bagne la chaîne ou la tête d'un individu,
la leur tombe sans miséricorde. On ne les
traite pas avec plus de ménagement que
leurs prisonniers. Ils se mettent à genoux
entre deux Koubals ; l'un lui donne un coup
de lance dans le côté, dont la douleur l'oblige
à lever subitement la tête, et l'autre attend
cet instant favorable pour la lui faire voler
d'un coup de damas. Elle est toujours tranchée d'un seul coup ; seulement il arrive

parfois que l'acier touche un os; le cime-
terre alors rend un son clair comme celui
d'une clochette.

Les deux fils d'Osman nous visitaient tous
les quatre ou cinq mois; ils prenaient plaisir à nous montrer leur adresse en ce genre
sur des pieds de bœuf suspendus à une fi-
celle. Ce sont deux beaux hommes comme
leur père : l'aîné est de la taille de cinq pieds
dix pouces et âgé de trente ans; la douceur
et l'humanité se peignent dans son naturel.
L'autre a vingt-cinq ans et cinq pieds huit
pouces; son air est dur, austère, pour ne pas
dire cruel. Chaque fois que leur père nous
rencontrait sur son passage, il faisait tuer
deux bœufs pour nous être servis; il écoutait
nos plaintes et changeait fréquemment nos
gardiens. Son apparition, que nous considé-
rions comme un bienfait, était malheureusement trop rare. Quoiqu'il fût sévère, sa justice avait une autre base que celle des cheiks

sous ses ordres. Voici un exemple de l'autorité de ces derniers, qui peint à-la-fois le maître et le sujet.

Un fermier, en mariant son fils, lui prête une somme d'argent qu'il devait rendre à une époque déterminée. Le délai étant expiré, le fils ne tint point son engagement. Le père alla se plaindre à son cheik, qui lui permit de le traiter comme il voudrait. Fort de cette autorisation, il lie son enfant par les bras et les jambes, l'oblige à se mettre à genoux au milieu d'une grande place, et l'égorge avec un vieux couteau.

Au bout de six mois, le cheik exige de cet homme atroce une forte somme, sous peine de la vie. Après l'avoir acquittée avec beaucoup de difficultés, le cheik lui en demande encore une plus considérable, qu'il paie également avec non moins de regrets ; puis ce maître, s'emparant du reste de sa fortune, le fait pendre.

L'un des travaux qui me semblaient les
plus rudes était l'occupation aux *matamores*.
Ce sont de vastes souterrains renfermant du
blé pour le conserver. Il y en a de la grandeur d'un champ. On les creuse jusqu'à la
profondeur de quatre-vingts pieds. Ils sont
larges à proportion de leur longueur. Le
fond en est planchéié, ainsi que les parois.
On met des nattes sur les planches, et d'autres planches sur les nattes. On emplit ces
immenses réservoirs jusqu'à la hauteur de
soixante-dix pieds, ou, si l'on veut, à dix
pieds du niveau du sol. Alors, même précaution que dans l'intérieur, c'est-à-dire qu'on
les ferme avec des poutres, des planches, des
nattes et des planches encore par-dessus.
On les couvre de terre sur laquelle on laboure et l'on sème, comme sur tout autre
terroir. Le blé s'y garde douze à quinze ans
aussi frais qu'à l'époque où il y fut déposé.

Quand le cheik livre ses grains au com-

merce, il nous fait vider ces établissemens ;
le travail dure ordinairement deux ou trois
mois. Chacun de nous reçoit sur le dos un
sac de cent quarante livres qu'il faut transporter, en traînant sa chaîne, jusqu'à cinq ou
six lieues de là par les montagnes. Hommes,
chevaux, mulets, *bouffanos* (buffles), tout se
confond et tout porte charge. En arrivant à
la dernière montagne, sur le penchant de
laquelle sont posées des nattes, chacun vide
son sac, et le grain coule du sommet au bas
de la montagne.

J'ai encore très-bien présente à la mémoire une famine qui se fit sentir il-y a dix-
huit ans dans toutes les terres du Levant.
Soixante adouars, les esclaves et les bêtes de
somme, au nombre de trois mille (hommes
et animaux compris), furent employés deux
mois consécutifs à transporter le grain des
matamores à la dernière montagne. Le tas
devint si haut qu'il en rasait la cime. Chose

inouie! le lendemain, quand nous revînmes
verser notre dernière charge, après laquelle
on attendait, le grain avait disparu ; on
voyait la plaine couverte d'une innombrable
quantité de chevaux, de mulets, de chameaux, d'éléphans, etc., qui avaient tout enlevé en moins de vingt-quatre heures.

Quelques - uns des esclaves, afin de se
soustraire à la rigueur d'un sort si cruel, re-
niaient leur religion, en l'échangeant contre
celle du prophète. On ôtait leur chaîne ; on
en faisait des gardiens ; on les mariait à leur
choix avec des renégates ou des filles du pays ;
on leur donnait soixante-quinze francs par
mois, et quelquefois un établissement de
leur goût. Mais l'exemple du supplice d'un
renégat, infidèle à la loi du prophète, portait
la terreur dans l'ame des esclaves les plus
résolus.

Voici celui qu'on nous mit sous les yeux.
Un Liégeois voulut adoucir sa misère en li-

vrant sa conscience aux Arabes. Il remplit
quatre ans, sans y manquer, ses devoirs de
musulman. Par malheur, il observait quelquefois le plaisir des juifs à boire de l'eau-
de-vie ; la tentation le prit d'en goûter, il
résista ; mais l'esprit malin, qui ne veut point
être dupe, le poussa si fort qu'il vint à succomber. Pris le jour même en flagrant dé-
lit, on l'amena devant nous pour être em-
palé. On suspendit ce malheureux, avec une
poulie, à la hauteur d'une broche de fer
scellée par le gros bout dans une colonne de
marbre. On lui posa le derrière sur la pointe,
et de minute en minute on le descendit de
deux ou trois lignes, jusqu'au moment où la
broche lui sortit par le côté, près de l'é-
paule (1). Il demeura dans cette horrible

---

(1) Ce supplice est fort en usage chez les Turcs.
Au lieu d'une broche de fer, ils se servent d'un pal
aigu.

position trente-six heures sans expirer, nous suppliant de l'achever à coups de pierre, mouvement de pitié qui nous aurait aussi coûté la vie. Les Arabes nous disaient : « Regarde ce chien comme toi! » et les esclaves, loin de le plaindre, le chargeaient d'imprécations pour avoir changé de culte.

Quelquefois les gardiens, joyeux, m'appelaient dans leur guérite, afin d'entendre de petits contes qui les amusent toujours. Je leur répétais la plupart de ceux que j'avais retenus de mes compagnons en différentes langues. Pour prix de ma complaisance, ils me donnaient du café ; puis ils demandaient quelques notions sur la France, sur son climat, ses habitans, ses produits. On sent aisément que, libre de mes fers au milieu d'eux pour un instant, recevant quelques épis de blé, même du pain, et leur café, la comparaison de mon pays à l'Afrique tournait à l'avantage de leur contrée ;

ce qui du reste est vrai de leurs productions
en tout genre. Je profitais de leurs bonnes
dispositions pour les diriger vers mes camarades, qui, en retour de mes services, m'ac-
cordaient de l'amitié. Les Arabes, croyant
l'heure propice de me convertir, usaient de
conseils, redoublaient d'instances et même
de caresses, en vue de me gagner à leur *loi*.
Je montrais de l'incertitude ; je paraissais
ébranlé ; je soupirais ; j'exigeais du tems pour
la réflexion. Quand il était écoulé, je solli-
citais de nouveaux délais, afin de me bien
décider, car je leur annonçais ne pas vouloir laisser le moindre regret après mon action. Ces discours leur semblaient de toute
justice ; mais enfin, lassés d'attendre ma con-
version, ils renouvelaient les fâcheux traitemens sans l'obtenir.

Ils n'épargnaient d'aucune manière deux
prêtres napolitains, qui toujours en prière au
commencement de leur servitude, finirent

par prendre le ton du bagne. Il faut avouer qu'on doit s'y accoutumer ou mourir; car ici l'on n'a pas plus l'idée de fuir que l'espoir du rachat. J'ai vu des hommes, insensibles à tous les outrages, qui étaient là depuis soixante ans. Ces vieillards attendaient paisiblement le coup de fusil pour être livrés aux lions. En comptant sur une si triste douceur, j'allais aux champs; j'y volais des olives; j'en tirais l'huile que je recueillais dans une gourde plate, contenant environ vingt livres, qui m'était tombée sous la main dans mes expéditions à l'heure de midi, et j'en faisais au retour une salade avec mes épis de blé. Quand la picorée était abondante, j'opérais des réserves pour les jours de détresse où nous passions sur des terres incultes, afin de suppléer à la ration du vendredi, qui ne nous valait que deux épis, attendu qu'on doit être moins poussé par la faim en restant au bagne.

Nous avions un signe certain de reconnaître la mort prochaine des esclaves, dans le peu d'empressement qu'ils mettaient à piller. Ou ils se pendaient, ou la mort naturelle les emportait. Jamais les Koubals ne se tuent; si la mélancolie les surmonte, ils vont aux forêts livrer leur corps aux bêtes féroces. En s'ôtant eux-mêmes la vie, ils croiraient déplaire à Mahomet. Les femmes âgées du sérail d'Osman, qu'il met à la porte avec une bourse et la liberté, ne sachant que devenir, parce qu'elles sont le rebut des adouars, prennent souvent aussi le chemin des forêts.

J'ai dit, sans explication pour ne point m'arrêter, que les adouars sont des tentes renfermant des familles arabes; j'y vais suppléer par quelques détails assez rapides. Les riches Koubals déposent leur fortune dans leur tente. Vont-ils à la guerre, leur or est secrètement caché dans un caveau très-profond par le chef de famille, au milieu d'un champ, sur lequel on laboure ensuite. Le propriétaire empoisonne assez fréquemment le confident d'un pareil secret. Quoique le blé ait poussé plusieurs fois depuis son départ, il sait toujours bien retrouver l'endroit du précieux dépôt.

Des nattes de paille couvrent la terre où les tentes sont établies. On étend sur les nattes des peaux de béliers, d'ours, de lions, etc., qu'ils ont eux-mêmes dépouillés. Ces peaux reçoivent de belles tapisseries fabriquées de leurs mains, et dont leurs femmes font les dessins à l'aiguille avec beaucoup de talent. Leur tête repose sur des oreillers de soie avec des franges d'or. Ils entrent pieds nus, n'ont point de place fixe, se couchent tout habillés, et se couvrent de leurs *habernous-ses*, espèce de robe noire de capucin avec le capuchon.

Leurs chevaux sont hors de la tente, attachés au piquet par les pieds de devant. Une

grande quantité d'énormes chiens extrême-
ment poilus, armés de colliers de fer, veillent
en cercle auprès des adouars. Les animaux
sauvages redoutent cette formidable garde;
ils osent bien rarement en approcher. Lorsque le tigre se laisse emporter par son imprudence, les chiens s'avertissent et l'entourent:
il se met soudain sur le dos avec toute l'éner-
gie de sa férocité naturelle. Nul chien ne se
hasarde qu'il ne soit éventré d'un coup de
griffe ou de dent; mais dans cette position
un seul coup de lance lui ôte la vie. Si, loin
du Koubal, le tigre se relève, il perd ses avantages; et ses ennemis, en sautant sur lui tous
à-la-fois, l'ont bientôt déchiré. Le lion, quoique plus fort, montre aussi plus de pru-
dence; il attend que l'une de ces généreuses
sentinelles s'éloigne du troupeau pour l'emporter.

Le cheik visite de tems en tems les
adouars sur un cheval richement capara-

çonné. Le luxe qu'il étale dans ses tournées est asiatique. De gros diamans brillent sur ses vêtemens, ses armes et son cheval. Des *caspaldgé* (gardes - du - corps) le suivent. Les cheiks inférieurs lui rendent hommage et lui baisent les mains ; les plus considérables Koubals appliquent leurs lèvres, quand il lui plaît, sur la manche de sa pelisse verte, grand signe d'honneur qu'il refuse quelquefois, en donnant un grand coup de pied au premier qui se présente, et lui fracassant les dents comme par saîllie.

Osman, avant d'entrer en campagne, rassemble les forces nombreuses de dix - huit cheiks sous ses ordres : tout ce qui l'accompagne est monté. Je l'ai suivi six fois dans ses courses sur les terres d'Alger, de Tunis, de Constantine, de Tripoli, vers la Mecque, et jusque sous les murs de Jérusalem. Il emmenait une centaine d'esclaves les plus intelligens, désignés par le gardien *bâche*.

J'avais l'honneur de faire partie de cette grande troupe de brigands, ou plutôt de servir leur chef. On m'employait aux cuisines, à creuser la terre, à charger des chameaux : c'était mon meilleur tems, parce que l'on me donnait la viande et le pain. Osman pillait par dévotion tout ce qu'il rencontrait ; il le convertissait en présens au tombeau du prophète. Ses soldats égorgeaient à la moindre résistance, coupaient les oreilles des femmes pour avoir leurs pendans d'or, et leurs bras afin d'en obtenir plus tôt les ornemens (1) (C).

Je reviens à la montagne Félix. Les fem-

---

(1) On voit que, loin de vouloir tromper dans sa narration, Dumont n'y a consacré qu'une vingtaine de lignes ; autrement il n'aurait pas manqué de constituer une fable avec les matériaux de six expéditions lointaines, qu'il pouvait rendre fertiles en événemens, et dont chacune durait au moins une année. En effet, quel beau champ pour les romanciers !

mes y sont revêtues d'une couverture fine en
laine blanche, depuis le sein jusqu'aux pieds,
qui s'attache aux épaules par des bretelles.
Un mouchoir madras de couleur couvre leur
tête, et leur visage se cache sous une mous-
seline très-fine et très-claire. Dessous la couverture, qu'on ne peut appeler robe, elles
portent un pantalon blanc à l'instar des femmes turques : celui des filles est en couleur.

Les enfans prennent trois fois par jour le
sein de leur mère ; des chèvres les allaitent
la nuit s'ils poussent des cris. Les mères ne
s'en occupent guère ; elles les jettent, étant
importunées, sur des tapis de deux pieds de
hauteur. Comme ils ne sont jamais emmail-
lottés, ces fils de la montagne deviennent des
hommes aussi robustes que bien faits. Les
pères vendent leurs fils, les mères leurs
filles, les maris leurs femmes ; les fils
rachètent leurs meres, et peuvent les épou-
ser.

La charrue des Koubals, à peu près comme celle des Européens, se tire avec des chevaux ou des bœufs : il n'y a que celle du cheik où l'on attelle des hommes.

Des orages fréquens traversent un climat si abondant. Les coups de tonnerre y sont épouvantables, à cause des redans des montagnes, qui produisent de nombreux échos.

On y voit des fruits d'une merveilleuse beauté : les pêches y sont aussi tendres que savoureuses ; les melons, d'un goût exquis, mûrissent, les uns en été, d'autres en hiver. On y observe des ceps de vigne si gros, qu'un homme peut à peine les embrasser, et leurs grappes n'ont pas moins d'un pied et demi de longueur (1).

Les poules, qui sont grosses, grasses, huppées, n'ont point de plumes sous le ventre ; les Arabes en sont aussi friands que du mou-

_____

(1) Vosgien confirme ces détails.

ton ; c'est un de leurs plus excellens mets.
Les moutons sont aussi fort gros, et la queue
de cet animal est si pesante, qu'on la fait
supporter sur une planche à deux roues ;
car, sans cette précaution, leur laine, d'environ quinze pouces de long, s'attachant aux
ordures, aux roncés, etc., empêcherait le
mouton de marcher. Les Koubals en ont de
France qui ne grossissent point, dont ils
prennent un grand soin, et qu'ils laissent
toujours mourir de vieillesse.

Le pain des Arabes, fait avec la plus
belle fleur de farine, ne pèse qu'une demi-
livre ; ils le mangent tout chaud, et n'en
conservent jamais.

Les Koubals exercent toutes sortes de pro-
fessions dans leurs adouars ; ils y tiennent
des cafés moins élégans, mais plus riches que
les nôtres. Leur principal commerce consiste en huile, cire, miel, laine, peaux, dents
d'éléphant, grains, tapisseries. Ils font des

échanges contre nos marchandises d'Europe,
telles que cristaux, montres, pendules, etc.
Des juifs se chargent de ce trafic ; autrement
les marchandises arabes pourriraient plutôt
que d'être livrées aux chrétiens.

Depuis deux années, j'entends continuellement répéter que les nations de l'Europe
devraient se coaliser, pour détruire ces nuées
de barbares qui désolent une des plus belles
contrées du monde. Sans les massacrer, ajou-
te-t-on, l'on pourrait les transporter en Europe, ou dans les colonies par petites por-
tions, afin de les civiliser et les assujettir à
nos mœurs. Ce projet, sans doute, est ma-
gnifique et peut séduire un instant en théo-
rie. Mais si l'on songe qu'un million de soldats ne suffirait pas pendant dix ans à réduire ces brigands nomades, on sera forcé
de prendre une autre opinion, ou d'en reve-
nir à la nécessité de les souffrir tels qu'ils
sont. Peut-être un jour adouciront-ils leur

naturel à l'aide de ces grandes révolutions qui changent la face des Etats.

Le royaume de Maroc a, lui seul, deux cent cinquante lieues de long et cent quarante de large ; il est peuplé ; ceux de Tripoli, de Tunis et d'Alger le sont également (1). De quelle manière s'avancer au milieu de vastes pays où l'on ne découvre pas un chemin dans les terres? Comment introduire du canon dans des forêts impénétrables, où les bêtes féroces vont par troupeaux? Comment faire parvenir ces pièces sur une file de rochers? Comment notre cavalerie pourrait-elle gravir des hauteurs escarpées, quand celle des Arabes se fait un jeu de les monter à genoux au galop, et de les descendre sur le derrière plus vite que le vent? Comment traverser, avec tous les bagages nécessaires à de gran-

_____

(1) Les peuples de ces royaumes sont moins féroces que les Koubals et toutes les tribus errantes du milieu de l'Afrique.   DUMONT.

des armées, des rivières, des fleuves dont les
détours sont immenses et nombreux? Pour
aller de la montagne Félix à Alger, il faut
passer sept fois le même fleuve dans le cours
de cent vingt lieues. Comment se pourvoir
de subsistances, former des magasins, avoir
des munitions, quand les habitans, pliant
leurs tentes, emportent leurs maisons sur
leurs épaules ou plutôt sur des chevaux ai-
lés, et qu'en un clin-d'œil des villes ont disparu? Non, cela n'a point besoin d'explication : lors même qu'il serait plus aisé de les
trouver que de les vaincre, leur religion, qui
en fait des martyrs, en ferait aussi des héros;
et comme, en les poursuivant, quelque chose
que l'on imaginât, ils seraient toujours au cœur
de leur empire, il s'ensuit que les Européens,
sans compter les maladies pestilentielles,
périraient de faim, lorsque leurs ennemis
auraient tout en abondance; qu'ils tombe-
raient sur nous à l'improviste plus prompte-

ment que des Cosaques ; qu'ils nous harcèle-
raient et massacreraient en détail ; et que, for-
cés de rappeler les débris de nos armées,
nous donnerions encore au monde un quatrième exemple de la folie des croisades.

J'étais tombé depuis trente-trois ans dans
les mains des Koubals, livré à toutes les horreurs de la servitude, et ne pensant plus désormais à m'en affranchir, quand un événement fort extraordinaire vint me tirer de
l'affreuse prison du cheik. O providence !
voilà tes coups. Un Français appelé *Manet*,
natif du Dauphiné, était depuis cinq ans renégat sous le nom d'Aly. Comme il savait
très-bien fabriquer la poudre à canon, ses
talens l'avaient mis si avant dans les bonnes
grâces d'Osman, qu'il marchait après son
premier ministre.

Manet, séparé de la France, n'avait point
encore perdu la curiosité naturelle à ses
compatriotes ; il eut celle de considérer par

les fenêtres du sérail les jolies femmes du
cheik, qui le surprit. Ce crime emporte la
peine capitale; mais Osman, qui l'aimait et
faisait cas de son industrie dont il avait
grand besoin, daigna commuer la peine de
mort de son favori en quinze cents coups de
bâton, distribués mille sur le derrière, et
cinq cents sous les pieds; puis il le priva de
ses richesses, ne lui laissant qu'un cheval et
ses armes. Cette douceur dans le traitement,
due à l'affection singulière de son maître,
ne l'empêcha point de conserver contre lui
le plus violent ressentiment.

Quatre mois après sa guérison, le cheik
lui confie qu'il a l'intention de surprendre le
dey d'Alger pour en arracher un tribut, et
qu'il lui faut une grande quantité de poudre
dans cette expédition. Aly Manet, enchanté
d'une confidence si importante, conçoit le
dessein de la tourner à son profit. Il va dé-
poser son cheval dans un adouar écarté dont

il se trouvait gouverneur, en déclarant au cheik qu'il était mort. Osman lui en donne un autre, que Manet conduit à son adouar. Afin de détourner l'attention de son maître, il monte le premier cheval, s'enfuit, passe devant le bagne en nous criant *adieu*, que nous entendîmes très-bien, sans nous douter de sa démarche.

Le lendemain, le cheik ne le voyant point paraître au baise-main, selon l'usage, faveur uniquement accordée à Manet et au premier ministre, en demanda des nouvelles. Il ne conçut aucun soupçon dès qu'on lui eut rapporté que Manet ne pouvait être éloigné, en ce qu'il avait laissé son cheval dans l'adouar. Le surlendemain, comme on pense qu'il est dévoré, l'on néglige des recherches. Manet, durant ces précieux momens, traversait seul, avec autant de bonheur que d'intrépidité, cent vingt lieues de déserts, de montagnes, de forêts remplis de lions, de tigres et de léopards; trajet que les Koubals, aussi bien montés qu'armés, n'ont jamais fait sans une caravane de vingt à trente personnes.

Il va trouver le bey de Titre, dont le pouvoir s'étend aux frontières des Koubals, du côté d'Alger. Les beys de ce gouvernement entrant dans la cour du dey, mettent pied à terre, et se laissent désarmer. Celui de Titre a le droit d'y arriver à cheval avec ses étendards, et de monter armé au palais du dey pour lui baiser la main. Cet honneur lui vient de ce qu'étant toujours en guerre avec les Koubals, il est le plus ancien comme le plus belliqueux des beys.

Manet l'avertit de prendre ses précautions contre Osman, dont les fils doivent l'attaquer sous peu de jours. Le bey, recevant cet avis, le fait en même tems accompagner par cent de ses *caspatdgé* jusqu'à la ville d'Alger. Le dey retint Manet, et lui dit : « Si ta nou-
» velle est vraie, je te confère un emploi

» digne d'un pareil service ; ta tête tombera
» si elle est fausse. » Manet confirme par
serment ce qu'il vient d'avancer.

Aussitôt le dey ordonne aux beys d'Oran,
de Constantine, de Titre, de se réunir, et
ils marchent à-la-fois sur divers points à la
rencontre de l'armée d'Osman. Trois jours
étaient à peine écoulés que les fils du cheik
battirent les beys d'Oran et de Constantine ;
mais celui de Titre, plus heureux, les ven-
gea ; car après avoir enveloppé ses ennemis,
il les tailla en pièces, fit un grand nombre
de prisonniers, parmi lesquels se trouvèrent
les deux généraux, enfans d'Osman. Le
vainqueur se disposait à leur trancher la tête,
lorsque l'un d'eux l'ayant supplié de consentir à un échange contre des chrétiens, le bey
envoya demander l'avis du dey d'Alger, qui
en fixa le nombre à cinq cents. Osman, à
l'arrivée du courrier porteur de cette nouvelle transmise par le bey de Titre, se sou-

mit volontiers à l'échange proposé. Il se rendit au bagne, vit trois cents esclaves qu'on amenait aux travaux, et fit suspendre leur marche : deux cents autres furent ajoutés à ce nombre.

J'avais la coutume de sortir un des derniers du bagne, quand je savais que les lieux où nous devions passer étaient stériles ; je marchais au contraire à la tête de la colonne, toutes les fois que nous nous dirigions sur des points où la facilité de marauder pouvait me tenter. Ce jour-là, je traînais ma chaîne avec gaîté, certain que le propriétaire, qui souffrait nos vols en silence, m'en laisserait le choix. Bien m'en prit, car c'est à cette heureuse idée que je dois ma liberté, avec l'inappréciable avantage de revoir mon pays. Pourquoi faut-il que j'aie encore à gémir sur le sort de quinze cents compagnons qui, selon toutes les apparences, rendront le dernier soupir dans l'esclavage ?

Je me trouvais donc au milieu des trois
cents esclaves qui se rangèrent les premiers
sous les yeux du cheik. Il se mit lui-même à
la tête d'une armée, et nous escorta jusqu'aux
environs de Titre. Osman et le bey s'étant
rencontrés se baisèrent les épaules; ils ne
s'embrassent jamais autrement : l'échange
s'opéra (1). Le cheik, ramenant ses fils, pouvait même reprendre les esclaves, s'emparer du bey et de sa suite, s'il n'eût engagé sa
parole, chose sacrée parmi ces barbares ; ce
qui ne l'empêcha point de piller, en reve-
nant, tout ce qu'il trouva sur son chemin, et
dont certainement la valeur surpassait de
beaucoup la perte de ses esclaves. Cela paraît tout simple : Osman avait bien promis
de fournir les chrétiens demandés, mais il
ne s'était point engagé à s'abstenir du pil-

---

(1) Ce devait être au mois de septembre 1815.

lage. Autrefois, un prince normand aurait-il mieux raisonné ou mieux agi (1)?

En paraissant devant le bey de Titre nos fers tombèrent; on nous laissa le simple *grillet* indiquant notre servitude au profit du gouvernement d'Alger. On nous habilla; nous fûmes nourris trois mois entiers sans aucun travail. Ah! quelles délices! Je me croyais dans la terre de Chanaan. L'époque où le bey solde ses contributions au dey d'Alger étant arrivée, on nous conduisit à ce dernier; et voilà Pierre-Joseph Dumont esclave d'un nouveau maître.

Les chrétiens sont habillés tous les ans. Ce vêtement, de laine, excepté la chemise qui est d'une toile grise et claire comme un tamis, consiste en un gilet sous une capote, une culotte sans bas, et des souliers de

_____

(1) Si Dumont n'a point fait cette réflexion en pareils termes, c'est au moins son idée que je rends.

marroquin qui ne durent qu'un jour, après quoi l'on va nu-pieds, ou l'on en fait emplette, si l'on peut. On a toutes les vingt-quatre heures, pour nourriture, deux pains noirs de cinq onces chacun, avec sept ou huit olives d'une odeur insupportable.

Le bagne (D) est distribué par chambrées de trente ou quarante hommes. Lorsqu'il est plein, l'excédant repose dans les corridors, sur les escaliers, dans la cour, jusqu'à ce qu'il se trouve des places vacantes. Le gouvernement emploie chaque esclave aux travaux qui lui sont familiers. N'ayant point de profession, l'on m'occupait à porter des fardeaux, à servir d'aide aux charpentiers, à seconder les ouvriers de l'arsenal.

Le matin, on se lève avec le jour. L'appel se fait; les travaux sont distribués, et cessent à quatre heures. On accorde une demi-heure aux esclaves, qui vont droit solliciter des secours chez les consuls de leurs nations et chez les marchands. Les consuls ont soin de leur réserver la desserte. A quatre heures et demie, ils reviennent au bagne, où l'on fait un second appel. Celui qui manque est enchaîné dans la cour à une colonne ; il passe la nuit à la belle étoile. Des coups de bâton punissent la récidive. La troisième fois, l'esclave porte la chaîne, et travaille péniblement à la montagne. Un esclave surpris volant dans la ville ou l'arsenal est condamné, pendant un tems, à traîner une chaîne attachée à un billot dont le poids total s'élève à cent vingt livres.

Les esclaves chrétiens peuvent acheter du vin et de l'eau-de-vie. On en vend au bagne et parmi les juifs. La plupart des musulmans en boivent sans courir aucun risque.

Une chose digne de remarque, c'est que, durant les huits mois environ que j'ai passés dans Alger, tous les consuls, sans exception de pays, ont été mis à la chaîne, et voici pourquoi. Le dey souvent désire obtenir de l'étranger quelque chose d'utile à son arsenal : pour cet objet, il s'adresse au plus riche des juifs, dont les correspondances s'étendent par tout l'univers. Ce dernier indique le consul capable de le satisfaire ; le dey le mande auprès de sa personne, lui présente le café, lui adresse les complimens les plus flatteurs, en le priant d'écrire à son souverain. Le consul, prévoyant le résultat de sa nouvelle démarche, promet de s'en occuper, et n'en fait rien. Le dey attend patiemment l'arrivée du premier navire de cette nation. Comme il voit que l'objet sollicité ne lui parvient point, il mande encore une fois le consul, l'interpelle en colère de lui déclarer pour quelle raison il l'a trompé ; puis il lui crache à la figure, lui donne un soufflet, et l'enchaîne.

Le chef des juifs, auquel il faut des passeports pour expédier ses propres bâtimens, trouve bientôt le moyen de réaliser le vœu du dey. Celui-ci, pensant que les soins du consul ont opéré cet envoi, lui rend la liberté. Il s'acquitte envers lui nonobstant de riches présens, et lui dit : « Si je ne t'avais donné la chaîne, tu n'aurais pas écrit. » Avec l'argent du dey, le consul rembourse le juif, qui lui adresse également un honnête cadeau (1).

Ce premier juif se nommait *Bouginac;* il fut tué par un soldat turc le vendredi (dimanche) d'un coup de pistolet, dans sa boutique. Son successeur, qui probablement vit encore, et dont le frère demeure à Paris, s'appelle *Bagré.* Le samedi qui suivit la mort de Bouginac, quatre cents juifs, hommes,

---

(1) Il est possible que d'autres motifs aient fait outrager les consuls ; mais ce que Dumont affirme, c'est qu'aucun d'eux n'a été exempt de la chaîne depuis septembre 1815 jusqu'au bombardement de 1816.

femmes et enfans, périrent par la main des
Turcs, dont l'avidité s'empara de leurs richesses. Le lendemain, le dey Moustapha (1)
nous ordonna de traîner les cadavres à la
porte Babalouette, afin de les réduire en cen-
dres.

L'exaltation contre les juifs, que le dey
protégeait, étant portée à son comble, les
Turcs qui l'escortaient le tuèrent à coups de
fusil le vendredi suivant, lui et son ministre, à l'heure même qu'ils sortaient de la
mosquée. Aly-Adjali le remplaça ; mais
comme ce barbare, toujours plein de vin,
fit sacrifier deux vendredis de suite, par son
nègre, huit esclaves chrétiens de son sérail,
le ministre lui coupa la tête dans son bain,
par le bras du même nègre, qui finit là ses

---

(1) J'écris les noms comme Dumont les prononce ;
par exemple : *Moustapha* au lieu de *Mustapha*, *bouf-*
fanos pour *buffanos*, *adouar* pour *aduar*, *bâche* pour
buschi.

cruautés. Cette action valut au nègre une
forte somme d'argent et la liberté. Comme
ce Tripolitain allait s'embarquer pour son
pays, il ne voulut point quitter Alger sans
déclarer qu'il avait eu l'honneur de tuer le
dey. Un Turc ayant entendu ce propos, le
rapporte au nouveau dey, qui fait aussitôt
rouler la tête du nègre en notre présence.
Le successeur d'Aly-Adjali n'a pas long-tems
joui lui-même de sa puissance, car il perdit
la vie par un assassinat, quelques mois après
avoir subi la loi de lord Exmouth.

Nous revîmes notre libérateur Aly Manet.
Pour prix de son important service, le dey
lui avait conféré, fidèle à sa promesse, l'emploi de *lag* de nuit, poste qui répond au
chef des commissaires de police, la nuit seulement. Il venait souvent au bagne boire
avec nous, et nous disait : « C'est pourtant à
moi que vous devez votre liberté ! » La suite
prouva qu'il avait raison, puisque sans sa

fuite de la montagne Félix, lord Exmouth n'aurait pu nous délivrer.

Cet amiral se présenta devant Alger au mois d'août 1816. Il exigea du dey la remise des esclaves chrétiens de toutes les nations, et même ceux qui sont en la possession du cheik. « Le pays d'Osman ne m'appartient point, dit le dey ; si tu les veux, va les chercher toi-même dans les montagnes. » Ce qui, comme on le pense bien, eût été périlleux avec des forces dix fois même plus considérables.

Les Anglais ayant fait leurs dispositions pour bombarder la ville, on nous conduisit tous, au nombre de quinze cents, dont une trentaine de Français, dans une immense caverne, au sommet de la montagne d'Alger. Il nous fallut quatre jours pour y arriver. Dans l'appréhension d'une révolte, on nous avait enchaînés. Malgré le tems que nous avions mis à tourner la montagne, nous étions assez près de la rade pour voir fort distinctement le combat, qui nous offrit le spectacle le plus imposant, dans l'incendie de la flotte algérienne. C'est alors que les coups roulèrent sur nos épaules, comme les boulets sur la ville ; mais cet effet de la rage ennemie ne put que multiplier nos soupirs après le succès des forces anglaises, car nous ne doutions point qu'il ne marquât la fin de nos maux.

Le ministre du dey nous refusa cette consolation : sans en prévenir son maître, il commanda qu'on abattît nos têtes. En conséquence, on nous déclara que nous étions libres. Tous se précipitèrent à l'ouverture de la caverne pour en sortir. Ce mouvement causant un grand embarras dans les chaînes, on ne put couper que lentement les têtes. Quatre venaient de tomber, lorsque les Turcs, qui n'agissaient qu'avec répugnance, et qui sont d'ailleurs bien moins féroces que les Arabes, dépêchèrent un de leurs camarades vers le dey afin de faire cesser cette boucherie, s'il était possible. Ce courrier lui dit : « Tu vois la ville en » feu; pourquoi massacrer les esclaves? Les » chrétiens vont te les demander; comment » les leur rendre ? » Les Turcs ont le droit de tenir au dey un discours aussi hardi sans qu'il s'en offense. « Qu'on les mette en liberté! » répond le dey; et le courrier, parti à cheval en toute hâte de la montagne, à quatre heures du matin, était de retour à dix heures du soir. Pendant ce tems, trente-deux têtes volaient sur la poussière, parce que les Turcs ne pouvaient se dispenser d'obéir au premier ordre. Mais quand le second fut arrivé, les esclaves, ayant sous les yeux la mort sanglante de leurs compagnons, refusaient de sortir; il fallut employer de nouveau les coups, jusqu'à ce que, témoins des cris de joie de ceux qui avaient passé les premiers, ils fussent certains de la vérité du message.

Alors nous traînâmes nos fers, en courant parmi les ronces et les épines, ayant le corps et le visage tout en sang, mais aussi le plus doux espoir dans le cœur. Ah! nous ne sentions pas nos blessures! Des chaloupes anglaises nous recueillirent, et là, nos dernières chaînes tombèrent au milieu des larmes de trois mille renégats, qui les versaient du plus profond regret de ne pouvoir obtenir leur délivrance, et maudissant avec l'accent de la rage le jour où ils furent infidèles à leur culte (1).

———————————

(1) Les principaux détails du combat, fournis par Dumont, sont absolument les mêmes que ceux qui ont été publiés à cette époque. Pour la satisfaction des lecteurs qui pourraient les avoir oubliés, je vais les leur rappeler tout au long. Je pense que cette citation trouve ici naturellement sa place.

« . . . . En avril 1816, cet amiral reçut de l'amirauté des instructions pour négocier avec les régences barbaresques, afin qu'elles reconnussent les îles Ioniennes comme possessions anglaises. Sa

Qui peindra mon étonnement d'apprendre, à bord des vaisseaux, les événemens de la révolution française, la succession de tant

---

« seigneurie était en outre chargée de stipuler la paix
» entre les Barbaresques et les royaumes de Sardai-
» gne et de Naples, et d'obtenir, *s'il était possible*,
» des trois régences, l'entière abolition de l'escla-
» vage des chrétiens. Lord Exmouth se rendit à Al-
» ger avec une flotte composée du *Boyne*, de quatre-
» vingt-dix-huit canons, de quatre autres vaisseaux
» de soixante-quatorze, de sept frégates, quatre
» vaisseaux de transport, et quelques chaloupes ca-
» nonnières. Il conclut avec le dey un traité portant
» que les îles Ioniennes jouiraient à l'avenir des pri-
» viléges attribués au pavillon britannique; que tous
» les esclaves sardes et génois seraient renvoyés pour
» la rançon de cinq cents dollars par tête, et les na-
» politains pour mille dollars. Un tiers des Napoli-
» tains devait être relâché sur-le-champ, le reste
» quand la rançon serait payée. Le dey s'engagea
» en outre à ne jamais faire la guerre contre le
» royaume de Sardaigne, tant que la paix subsiste-
» rait entre Alger et l'Angleterre; mais il rejeta
» toute proposition relative à l'abolition de l'escla-
» vage.

» Lord Exmouth se dirigea ensuite vers Tunis et

de gouvernemens, tels que l'assemblée cons-
tituante, la législative, la convention, la terreur, le directoire, les consuls; l'avènement

---

» Tripoli, où il conclut un traité semblable avec
» les deux beys, mais avec cette addition impor-
» tante, qu'ils signèrent une déclaration par la-
» quelle ils promettaient que, dans le cas où ils fe-
» raient la guerre à toute autre puissance, ils traite-
» raient les prisonniers qu'ils pourraient faire comme
» font entre elles les puissances européennes. Lord
» Exmouth retourna à Alger, dans le dessein d'en-
» gager de nouveau le dey à signer une déclaration
» semblable. Après une longue discussion, le dey
» persista dans son refus, sous prétexte qu'étant su-
» jet de la Porte, il ne pouvait consentir à l'aboli-
» tion de l'esclavage sans la permission du grand-
» seigneur, et demanda six mois pour l'obtenir.
» Lord Exmouth y consentit, en réduisant le délai
» à trois mois. Ceci étant mutuellement convenu,
» la frégate le Tage fut chargée de prendre à bord
» l'ambassadeur que le dey envoyait à Constanti-
» nople.
» Pendant ces négociations, sa seigneurie se vit
» plus d'une fois exposée à la fureur des janissaires,
» qui, lorsqu'elle traversait les avenues du palais de
» leur maître, manifestaient, par leurs imprécations

de Napoléon Buonaparte au trône, ses prodi-
gieuses conquêtes, sa chute, la restauration de
S. M. Louis XVIII, le retour en France de

» et leurs gestes menaçans, qu'ils en voulaient à sa
» vie. L'amiral anglais opposa à leur rage un sang-
» froid imperturbable, et conserva un maintien aussi
» calme que s'il se fût trouvé au milieu des soldats
» de son escadre. Un jour, les janissaires du bey de
» Tunis, furieux de ce qu'on obtenait l'abolition de
» l'esclavage, poussèrent l'emportement jusqu'à di-
» riger leurs sabres sur sa poitrine; et il ne dut son
» salut qu'aux représentations modérées d'un des of-
» ficiers de cette milice.

» Après avoir conclu avec Alger ce traité provi-
» soire, sa seigneurie fit voile pour l'Angleterre;
» mais vers le 20 mai, les Algériens massacrèrent
» des corailleurs anglais, français et espagnols,
» qu'ils surprirent dans une église de Bona, pen-
» dant l'office divin. Ce ne fut qu'à son retour dans
» sa patrie que lord Exmouth apprit cette infrac-
» tion au traité dont il apportait la conclusion. Alors
» l'amirauté prépara une nouvelle expédition contre
» Alger, et non contre les beys de Tunis et de Tri-
» poli, qui paraissaient disposés à exécuter les trai-
» tés. Rien ne fut négligé pour assurer le succès de
» l'entreprise, dont toutefois la politique du cabinet

Buonaparte, le départ du roi, la seconde
abdication de Buonaparte, la nouvelle rentrée du Roi à Paris (E)? Toutes ces choses me

---

» de Saint-James devait faire un mystère à l'Europe
» jusqu'à l'événement.

» Lord Exmouth quitta la rade de Portsmouth le
» 24 juillet 1816, ayant sous ses ordres *la Reine*
» *Charlotte*, vaisseau amiral de cent dix canons, *le*
» *Minden*, *l'Hécla*, *la Furie*, *l'Infernale*, *la Cordelia*,
» *le Severn*, *le Britomar*, *le Cadmus*, *le Douvres*, *la Ta-*
» *mise* et *le Jaseur*. Sa seigneurie, après avoir essuyé
» une tempête qui l'obligea d'entrer à Sainte-Hé-
» lène, atterra à Plymouth, où il fut joint par le
» contre-amiral Milne, qui commandait *le Léandre*,
» *l'Imprenable*, quelques frégates et corvettes, et *le*
» *Belzébuth*, chargé de fusées à la Congrève, et que
» sa seigneurie surnomma *le premier ministre du dia-*
» *ble.* La flotte anglaise, dès le 8, se trouvait à la
» hauteur du cap Trafalgar, et le 13, à Gibraltar.
» Lord Exmouth joignit à son escadre cinq chalou-
» pes canonnières, un brûlot, et accepta la propo-
» sition du vice-amiral hollandais Van Capellen,
» qui lui offrit sa coopération avec six frégates.

» Tout ce qui pouvait embarrasser les vaisseaux
» en fut retiré; les gros vaisseaux prirent à bord des
» haussières de réserve, les frégates des chaînes de

parurent si incroyables qu'il me vint à l'i-
magination que les Anglais, voulant s'égayer,
inventaient une sorte de lanterne magique

» haubans, et toutes les chaloupes furent munies
» d'obus ou de caronades. Le 26 août, à une heure
» après midi, l'escadre anglaise se présenta en vue
» d'Alger, au nombre de trente-deux voiles. Le len-
» demain, lord Exmouth envoya un parlementaire
» chargé d'une dépêche par laquelle sa seigneurie
» proposait au dey les conditions suivantes : 1° la
» délivrance immédiate des esclaves chrétiens, sans
» rançon ; 2° la restitution de tout l'argent que le
» dey avait reçu pour la rançon des captifs sardes et
» napolitains ; 3° une déclaration solennelle qu'à l'a-
» venir il respecterait les droits de l'humanité, et
» traiterait tous les prisonniers de guerre d'après les
» usages suivis par les nations européennes ; 4° la
» paix avec S. M. le roi des Pays-Bas sur les mêmes
» bases qu'avec le prince-régent.
  » Le dey ne répondit à ces propositions qu'en fai-
» sant tirer sur la flotte anglaise. Aussitôt l'amiral
» Exmouth fit embosser ses vaisseaux à demi-portée
» de canon, sous le feu des batteries du port et de la
» rade. Lui-même se plaça à l'entrée du port, telle-
» ment près des quais que son beaupré touchait les
» maisons, et que ses batteries, prenant à revers

afin d'amuser ma crédulité. Je ne fus pas
bien détrompé à Naples ; ce n'est qu'à Marseille, où l'on me raconta les mêmes événe-

---

» toutes celles de l'intérieur du port, foudroyaient
» les canonnières d'Alger, qui restaient à découvert.
» Le feu se soutenait depuis plus de six heures, et
» ne faisait qu'accroître la furie des Africains, quand
» deux officiers anglais demandèrent la permission
» d'aller, dans une embarcation, attacher une che-
» mise soufrée à la première frégate algérienne qui
» barrait l'entrée du port. Cette détermination eut
» un plein succès : un vent d'ouest assez frais mit
» bientôt le feu à toute l'escadre barbaresque ; cinq
» frégates, quatre corvettes et trente chaloupes ca-
» nonnières furent la proie des flammes.

» Dans le fort de l'action, lord Exmouth causait
» tranquillement avec le capitaine Brisbane, exposé
» au feu le plus meurtrier, lorsque celui-ci fut at-
» teint d'une balle morte, et renversé sur le pont.
» L'amiral, sans se décourager, appelle le premier
» lieutenant, et s'écrie : « Pauvre Brisbane ! c'en
» est fait de lui ; prenez le commandement. — Pas
» encore, milord, pas encore, » reprend froidement
» Brisbane, en soulevant la tête et en se mettant sur
» son séant ; et un moment après il reprit le com-
» mandement comme s'il ne lui fût rien arrivé. Au

mens de la même manière que les Anglais,
qu'il ne me fut plus possible de me refuser
à l'évidence ; mais il me fallait, je l'avoue,

» même instant, lord Exmouth reçut deux blessures,
» l'une au visage, et l'autre à l'os de la jambe.
» Le vaisseau amiral servit des deux bordées sans
» interruption pendant cinq heures et demie, du tri-
» bord sur la tête du môle, et du babord sur la flotte
» algérienne. Le bâtiment était jonché de morts,
» lorsque vers neuf heures et demie du soir il faillit
» être incendié par le contact d'une frégate ennemie
» tout enflammée. Le baron Van Capellen lui offrit
» aussitôt le secours de toutes les chaloupes de son
» escadre. « J'ai prévu toutes choses, répondit sa
» seigneurie ; votre affaire n'est pas de songer à ma
» sûreté, mais de redoubler de zèle à continuer le
» feu, à exécuter mes ordres et à suivre mon exemple. »
» Une demi-heure après, lord Exmouth, ayant
» achevé la destruction du môle, se retira dans la
» rade, et le lendemain 28 entra en vainqueur dans
» le port d'Alger. C'est de là qu'il data ses dépêches,
» dans lesquelles, sans parler de lui, sa seigneurie
» prodiguait les plus grands éloges au vice-amiral
» Milne, au contre-amiral Van Capellen, et au ca-
» pitaine Brisbane, qu'il chargea de la flatteuse mis-
» sion d'aller porter à Londres la première nouvelle

d'aussi nombreux témoignages pour me rendre.

Comme je parlais également bien les langues des divers esclaves, on me qualifia d'in-

---

» de cette grande victoire. A ces dépêches étaient
» jointes la copie d'une lettre qu'il adressait au dey
» le même jour, pour l'informer que, s'il n'acceptait
» dans deux heures les propositions qu'il avait refu-
» sées la veille, il recommencerait ses opérations.
« Seigneur, lui écrivait-il, pour prix de vos atrocités
» à Bonne, contre les chrétiens sans défense, et de
» votre mépris insultant pour les propositions que
» je vous ai faites hier au nom du prince-régent
» d'Angleterre, la flotte sous mes ordres vous a in-
» fligé un châtiment signalé, par la destruction to-
» tale de votre marine, de vos arsenaux, et de la
» moitié de vos batteries, etc. »
   » L'amiral anglais évalua à cent vingt-huit le nom-
» bre des Anglais tués, et les blessés à six cent qua-
» tre-vingt-dix; la perte des Hollandais, à treize
» hommes tués et cinquante-deux blessés; celle des
» Algériens était immense. Le 30 août, le traité fut
» conclu aux conditions suivantes : 1º l'abolition per-
» pétuelle de l'esclavage des chrétiens; 2º la remise
» de tous les esclaves dans les États du dey, à quel-
» que nation qu'ils appartiennent, le lendemain à

terprète à bord des vaisseaux, afin de rendre à chaque nation ceux qui lui appartenaient. Une frégate anglaise me conduisit à Naples, en onze jours (1) d'un calme presque plat. J'y fis la quarantaine entière. M. Bourcet, consul-général, à qui je fus remis, prit

---

» midi; 3° la remise de toutes les sommes d'argent
» reçues par le dey depuis le commencement de cette
» année pour le rachat des esclaves ; 4° des indem-
» nités au consul britannique pour toutes les pertes
» qu'il a subies à la suite de sa mise en prison ; 5° le
» dey fera des excuses publiques en présence de ses
» ministres et officiers, et demandera pardon au
» consul, dans les termes dictés par le capitaine de
» *la Reine Charlotte.* Enfin, le royaume des Pays-
» Bas, en raison de la part que l'escadre hollandaise
» avait prise à l'expédition, participait à ce traité
» avec la Grande-Bretagne. Par une lettre du 1er
» septembre, l'amiral annonça que les esclaves qui
» se trouvaient à Alger et dans les environs lui
» avaient été remis, ainsi que trois cent cinquante-
» sept mille piastres pour Naples, et vingt-cinq
» mille cinq cents pour la Sardaigne, etc. »

(*Biog. Exmouth.*)

(1) Il y a dû arriver le 10 septembre 1816.

un soin tout particulier de moi. Il m'habilla et me donna quatre cents francs en différentes fois, pendant les deux mois que je restai près de lui. C'est avec un bien vrai plaisir que je rencontre l'occasion de parler de ses bienfaits, qui me firent presque oublier les horreurs d'une captivité si longue. Il est si doux le souvenir de ceux qui nous soulagent!

Je fis couper ma barbe : mon menton avait une longueur de deux doigts au-delà d'un menton ordinaire ; c'était une crasse durcie, tellement identifiée à la peau, qu'elle en conservait l'apparence ; je l'ai fait disparaître en l'épongeant tous les jours trois mois de suite. J'ai aussi conservé long-tems au pied gauche une grosseur calleuse, causée par l'anneau du *grillet* qui, seul avec la chape, pesait trois livres.

M. Bourcet m'ayant délivré une feuille de route et des secours, je m'embarquai sur un navire marchand pour Marseille, où ma quarantaine ne fut que de sept jours. Là, je rencontrai un Lyonnais, compagnon de mes infortunes à la ville d'Alger, qui fut pris par les corsaires sur un bâtiment sarde. Son esclavage avait duré dix-huit ans. Il était tombé malade après sa quarantaine; ses forces revenaient lentement; il s'appelait Etienne. Avant de quitter Marseille, M. Félix Anthoine, riche négociant, me proposa cinq francs par jour afin de lui servir d'interprète : le désir de revoir mes parens et la capitale après trente-six ans d'absence, me le fit refuser; action tout au moins légère, dont j'eus lieu de me repentir l'année suivante.

Nous partîmes de cette ville, Etienne et moi, avec l'intention d'aller à Lyon. Je lançai dans la plaine le crâne qui m'avait quatorze ans tenu lieu de vase au bagne d'Osman. Il était devenu, par un usage continuel, aussi poli, aussi blanc que l'ivoire : j'y buvais le rum à bord de la frégate anglaise.

J'avais sur le corps la redingote que m'avait donnée M. Bourcet, après l'avoir détachée du sien (1), un beau gilet blanc piqué, une jolie cravate, une culotte bleue et soixante gourdes (300 fr.). Etienne était aussi proprement vêtu. Je voulus marcher pieds nus, mais le froid et la glace me forcèrent bientôt de reprendre mes souliers. A peine avions-nous fait quatre lieues, que vers les neuf heures du matin (2) huit ou neuf brigands, venant à travers les champs dans la grande route, nous attaquèrent avec des bâtons et de longs couteaux. J'eus beau les appitoyer sur mon sort, leur montrer mes cicatrices,

---

(1) Je l'ai portée quatre jours dans Naples avec le ruban de la Légion-d'Honneur, sans me douter de l'importance de ce signe.   DUMONT.

(2) Ce devait être en décembre 1816.

leur assurer que je n'étais qu'un pauvre esclave maltraité cruellement par les barbares,
mon éloquence ne gagna rien sur ces cœurs
de fer, plus durs encore que les Koubals,
qui du moins n'étaient point mes compatriotes, et ils me dépouillèrent, ainsi que le
pauvre Etienne, de mes gourdes et de mon
petit paquet, composé de deux chemises,
deux gilets et un pantalon. On prit un peu
de pitié de notre malheur au village voisin ;
nous recueillîmes encore plus loin quelques
secours, et nous arrivâmes à Lyon avec assez
de contentement.

Etienne m'ayant montré tout un jour ce qu'il
y avait de plus remarquable dans la cité, m'a-
mena le soir chez ses parens, qui étaient auber-
gistes. Il entre sans se faire connaître, et demande à souper pour deux personnes. Le
potage et le bœuf servis, Etienne veut avoir
par mon organe une volaille rôtie. Sa mère
nous examine, et nous dit : « Messieurs,

vous êtes voyageurs; vous n'ignorez point que les denrées sont chères. » Etienne, le chapeau sur ses yeux, et lui tournant le dos, répond aussitôt : « Peu vous importe, Madame, nous paierons; donnez.—Je vous demande bien pardon, réplique-t-elle, j'ai tort; car je ne connais point l'état de votre bourse. » Aussitôt la volaille est apportée.

Nous mangions lentement afin de nous laisser surprendre par la nuit. « Madame, peut-on coucher ici? demande Etienne. — Non, Monsieur, tous mes lits sont occupés.— Et cette demoiselle, en montrant sa sœur qui servait à table, a-t-elle un lit? — Comment! si mes enfans n'en ont point, qui peut se flatter d'en avoir? — Je suis donc bâtard! » ajoute Etienne en haussant la voix et se découvrant la tête devant sa mère (1). A ces mots, à ce mouvement, à cette recon-

---

(1) Je rends tout ceci dans les mêmes expressions.

naissance, la bonne femme, saisie de la plus vive surprise, ressent une violente oppression, se trouve mal, et tombe sans connaissance. La fille court avertir son père dans un café.

Etienne vole au secours de sa pauvre mère ; les domestiques poussent des cris ; je pleure comme eux. Le père survient avec sa fille, mais madame Etienne ne vivait plus ; le sang l'avait étouffée. La demoiselle est frappée au cœur de cet événement subit ; elle se met au lit, et rend l'ame au bout de deux jours. Son père, déchiré de cette double perte, même en retrouvant son fils, ne peut la supporter ; il meurt huit jours après. Enfin, Etienne, dont la santé n'était pas forte depuis sa convalescence, est atteint d'une fièvre brûlante et continue, qui le mène au tombeau de ses parens une semaine après son père. Je les ai vus tous périr. Je ne me suis pas un seul instant séparé de mon camarade ; il a reçu mes soins, et la mort dans mes bras ; c'est un des plus vifs traits dont la pointe aiguë m'ait atteint dans ma vie. Quel tableau sur le point de revoir ma famille ! J'avais aussi dessein, avant cette catastrophe, de la surprendre par une lettre où j'aurais donné de mes nouvelles sous un nom supposé, mais je fus bientôt guéri d'une semblable fantaisie par l'épouvantable exemple de la famille Etienne. ‹

Je quitte Lyon tout étourdi de ce qui vient de se passer sous mes yeux, et je me dirige vers Paris. Je reçois de nouveau sur la route des marques d'intérêt ; les Français sont si humains ! J'arrive enfin dans mon pays natal, dans la capitale de la France, à dix heures du soir, par le coche d'Auxerre (1). On

---

(1) C'était le 24 janvier 1817. Dumont, je le répète, ne sait jamais les dates. J'ai découvert celle-ci par un certificat qui lui fut délivré le lendemain de son arrivée.

me conseilla d'y rester la nuit, de peur de m'égarer si tard dans des rues neuves. J'avais trop envie d'embrasser mes chers parens : je sors du coche.

Je ne suis pas peu surpris de voir tant de boutiques éclairées, des postes de tous côtés, des soldats, des gardes nationaux, moi qui ne connaissais que le guet et la maréchaussée. Parcourant le boulevart Saint-Martin, mon étonnement redouble à l'aspect de la belle fontaine qui en fait l'ornement. Je me crus détourné de mon chemin ; j'interrogeai les piétons, et sûr d'aller droit à la rue d'Anjou, je parviens assez tard auprès de la nouvelle église de la Madeleine, qui est dans le même état qu'en 1780, où j'avais suivi l'école des Frères dans son enceinte.

Partant de ce point, je cherchai vainement l'ancienne Madeleine, remplacée aujourd'hui par un chantier, et le couvent des nones

qui a disparu. Je me crus derechef égaré.
Je renouvelle mes questions ; j'apprends
avec plaisir que la rue d'Anjou est sur mes
pas. Soudain je vole au toit paternel; je
frappe, on ouvre, je m'explique. Hélas! on
ne sait ce que je veux dire ; mon père y est
inconnu ; sa maison a changé de propriétaire.
Je demeure quelques minutes indécis sur le
parti qu'il me faut prendre pour passer la
nuit ; puis craignant d'être enlevé par les
patrouilles au milieu de mes pensées, je
prends la résolution d'aller me rendre au
corps-de-garde, sur le boulevart de la Madeleine : c'était un poste de garde nationale.

L'officier, après un court examen de ma
personne, touché de mes longs tourmens,
dont il avait la preuve sous les yeux par le
nombre et la grandeur de mes cicatrices,
forme à mon profit une collecte de 56 fr.
parmi les soldats du poste. Ensuite on ap-
porte de chez le restaurateur une volaille

avec un vermicelle et du vin. Je mange si
peu que je ne touchai qu'au potage (1). On
me donna un matelas, sur lequel je dormis
très-bien. Durant mon sommeil, le commis-
saire du quartier fut averti. Il m'éveille en
m'adressant des questions. Ainsi que l'officier, il se rappela que les journaux avaient
annoncé ma rentrée en France. Sa commi-
sération le porte à me donner une pièce de
vingt francs. Dès qu'il fut parti, j'examine la
pièce ; mais ne connaissant point l'effigie
de Napoléon, je la pris, dans ma simplicité,

---

(1) Il paraît que les intestins de Dumont ont
perdu de leur capacité, puisqu'une soupe lui suffit,
même sans boire, pendant vingt-quatre heures. Il
fait encore, nonobstant cette sobriété, une douzaine
de lieues à pied dans la journée. Il m'atteste, et je
le crois, qu'il va de cette manière de Paris à Ver-
sailles et de cette ville à Paris, en trois heures et
demie. C'est un homme sec, qui n'a jamais été malade, et qui me paraît susceptible de pousser fort
loin sa carrière, peut-être au-delà d'un siècle. Ses
malheurs ne l'ont point vieilli.

pour un jeton, erreur qui excita la gaîté des gardes nationaux.

Au point du jour, je me rendis chez un logeur, en attendant qu'il me fût permis de tirer avantage de ma position. Il s'y trouva ce qu'on appelle une *fille soumise* avec un grenadier de la garde royale. Elle se dit native de Neuilly, près Paris. Au nom de ce bourg, je me souvins qu'autrefois ma tante l'habita, et que j'y rencontrais souvent un asile contre les petites corrections données par mon père en échange de mes espiègleries. Je demande à cette fille si elle a connaissance de la famille Dumont, et sur ses explications affirmatives je vole dans les bras de ma bonne tante, qui me reconnaît et pleure de joie. Elle me fournit l'adresse de ma sœur, dont je me séparai quand celle-ci n'avait encore que trois ans; âge trop tendre pour retrouver en moi les traits d'un frère. Je la vis dans une affreuse position, cette sœur chérie, entourée de quatre enfans qui manquaient de subsistance : elle venait de perdre son mari à la suite d'un accident. Nous mêlâmes nos pleurs ensemble du plaisir de nous embrasser et du regret de le voir troublé par nos mutuelles confidences. Je lui donnai ma bourse, dont elle usa pour acheter les choses les plus nécessaires, car elle ne possédait rien, pas même un lit, ayant engagé ou vendu ses effets (F) dans la longue maladie de son mari.

Il était depuis peu de mois cocher de M. Barairon, directeur-général des domaines. Un particulier donnant avec imprudence un coup de cravache à ses chevaux comme il se trouvait auprès de la voiture, le timon le pressa fortement contre la muraille. On le transporta dans un hospice où pendant un an il cracha le sang jusqu'à sa mort. Malheureusement, outre cette blessure mortelle, il fut privé de la pension qui lui aurait été accordée par son maître, s'il eût atteint le terme réglé pour les services domestiques.

Ni ma tante ni ma sœur ne purent me fournir aucun renseignement sur mon père et ma mère ; seulement elles ont appris qu'ils avaient abandonné Paris depuis long-tems. O mes chers parens! si vous vivez encore, faites-le-moi connaître, afin qu'en quelque lieu que vous soyez j'aille embrasser vos cheveux blancs, et recevoir votre dernière bénédiction.

Dans la maison de ma sœur logeaient des Anglais : l'un d'entre eux, le colonel Jackson, parut étonné de m'entendre m'expliquer avec facilité dans sa langue, et me demanda vers quelle contrée de l'Angleterre j'avais voyagé. Après l'avoir assuré que son pays m'était entièrement inconnu, je lui raconte mon histoire qu'il écoute avec la curiosité la plus vive. Ensuite il me remet une

lettre pour le vice-amiral sir Sidney Smith
qui, sur le bruit de ma sortie d'esclavage,
me faisait rechercher.

Le vice amiral m'accueillit bien, et me
proposa l'emploi de messager du bureau de
l'institution anti-pirate, dont il était fonda-
teur. Il me prit à son service, moyennant
deux francs par jour, sans nourriture, ni entretien, ni logement. Ainsi, pour cette somme
je faisais les courses du bureau, je remplis-
sais mes autres devoirs le reste du jour, et je
l'accompagnais partout les nuits , jusqu'à
deux heures du matin. Je partageais la moitié de mon argent avec ma sœur, et j'étais
heureux.

Sir Sidney Smith me recommanda ; l'on
prit intérêt à mon sort, et les bienfaits de
MONSIEUR , passant dans mes mains, servi-
rent à donner un lit, une table, une com-
mode , et du linge à ma sœur. Des circonstances fâcheuses obligèrent le vice-amiral à

quitter Paris. Il me donna deux certificats,
l'un en anglais, l'autre en français, et me
protégea de nouveau. Le certificat est ainsi
conçu dans les deux langues :

*Le vice-amiral sir Sidney Smith, président
de l'institution anti-pirate.*

« Je certifie que le sieur Dumont, qui a
» été pendant trente-quatre ans esclave en
» Barbarie, a servi auprès de moi en qualité
» de messager de l'institution, et que depuis
» le premier jusqu'au dernier jour de son
» service, il a toujours été exact, fidèle et
» zélé à remplir les devoirs de sa place, de-
» puis le 1er janvier 1818 jusqu'aujourd'hui.
» Son aptitude et sa bonne conduite m'en-
» gagent à le recommander vivement à tous
» ceux qui se font un devoir d'être utiles

» aux hommes probes, et de soulager le

» malheur. »

Paris, le 26 août 1818.

Signé sir SIDNEY SMITH,

président de l'institution anti-pirate (1).

Mon protecteur m'ayant abandonné malgré lui, je retombai dans la détresse. Je n'a-
vais pu faire de réserves avec vingt sous par

---

(1) Deux cachets sont appliqués au certificat, celui
de l'ordre de Malte, et l'autre, du vice-amiral. En
tête de ses armes on lit en français : *Cœur de lion*,
et au bas le mot anglais *forward* (en avant!)

Le colonel Bourcet, premier aide-de-camp du duc
de Reggio, donna aussi à Dumont, le 25 janvier
1817, un certificat dont voici le commencement :

« Je certifie que mon père, consul-général de
» France à Naples, m'a écrit, il y a environ trois
» mois, une lettre qui m'a été remise par le nommé
» Pierre-Joseph Dumont. Dans cette lettre, mon père
» me le recommandait comme un homme très-inté-
» ressant par ses malheurs, sa longue captivité, etc. »

C'est ce certificat qui m'a fait connaître le mois

jour, puisqu'il fallait me loger, me nourrir
et me vêtir sur ce produit. Ma sœur se res-
sentit bientôt de ce fatal contre-coup ; ses
enfans lui demandaient du pain : « Attendez
votre oncle, disait-elle, quand il rentrera
vous en aurez. » En arrivant, ces marmots
me fendaient le cœur ; je n'avais rien à leur
distribuer, je mourais de faim moi-même.
Ma sœur eut la sotte honte de n'oser se faire
inscrire au rôle des indigens de son quartier.

---

où Dumont est parti de Marseille, et l'époque précise de son arrivée à Paris.

Je dois avouer encore à sa louange qu'il ne m'a
point permis de parler des deux mois d'honoraires
qui lui restent dus en sa qualité de messager de l'institution. Sur l'observation que je lui ai adressée
qu'aucun lecteur de journaux ne pouvait l'ignorer, il
m'a répondu que cette insertion, émanant des bu-
reaux de la préfecture de la Seine, avait été répandue
contre son gré ; qu'il était bien certain que sir Sidney Smith lui devait cet argent, mais que, d'une autre part, rien au monde ne pourrait lui faire oublier
les nombreuses obligations qu'il avait au vice-amiral.

De mon côté, je serais mort vingt fois plutôt que de tendre la main. Quoique sorti d'un père serviteur, l'esclavage m'avait abattu sans m'ôter la fierté. Souvent j'allais à la halle ramasser furtivement des débris de choux rebutés, que j'enfermais dans ma poche, et je courais soulager ma faim dans un coin hors des barrières. Combien de fois j'ai regretté les coups de bâton des Koubals, en volant les choux du propriétaire des champs où je passais! Esclave en Afrique, je volais; mais en France!..... Ah! l'horreur des supplices n'est rien à côté de cette affreuse idée....

Enfin, poussé à la dernière extrémité, réduit à l'impossibilité de résister à mes besoins, encore plus au spectacle continuellement déchirant de ma sœur, pâle, livide, les yeux creux, de mes neveux tendant vers moi leurs petites mains suppliantes, presque toujours trompés dans leur attente, je me dé-

cide à retourner en Afrique (1). Trois fois
je sollicite un passeport à la préfecture de
police, et trois fois on me le refuse en
m'exhortant à la patience. Mon dessein était
de me rendre à Alger, où je pouvais libre-
ment exercer la profession d'interprète, qui
ne laisse pas que d'être lucrative. C'est alors
que la proposition de M. Félix Anthoine, à
Marseille, me revint à l'esprit, avec le re-
proche intérieur de l'avoir si légèrement re-
jetée. Mais, hélas! que de fautes ne com-
met-on point dans la vie!

J'avais beau me présenter avec mes certificats dans les meilleures maisons pour y
prendre du service ; j'avais beau dire qu'en-
durci depuis mon enfance à la fatigue, je
me sentais capable de porter à cinquante ans
les plus lourds fardeaux, mon destin me re-

---

(1) A la lecture de cet endroit, l'attendrissement
de Dumont s'est renouvelé ; ses larmes ont coulé.

poussait de toutes parts. Près de neuf mois s'étaient écoulés depuis le départ du vice-amiral, et je me voyais près de consumer dans la tristesse, la langueur, le désespoir, le reste de mes misérables jours, quand tout-à-coup bien inspiré, je m'avisai, sur des conseils, d'adresser à MONSIEUR la pétition suivante :

A son Altesse Royale MONSIEUR, *comte d'Artois.*

« Monseigneur,

» Dumont (Pierre-Joseph), né à Paris en
» 1768, paroisse de la Madeleine, a l'hon-
» neur d'exposer à Votre Altesse Royale,
» qu'en 1780 il partit de Paris (1) pour Brest;

---

(1) Dumont se trompe ; c'est, comme je l'ai dit au commencement de cette brochure, vers le mois de juillet 1781.

» qu'en 1782 il entra aux écuries en qualité
» de surnuméraire, après avoir assisté à la
» prise de Saint-Christophe et au siége de
» Gibraltar. Ayant suivi à bord du brick *le*
» *Lièvre*, M. le comte de Montméry, aide-
» de-camp de Son Altesse Royale, porteur
» de dépêches très-importantes, le bâtiment
» fut jeté sur les côtes d'Afrique, M. de
» Montméry, massacré ; Dumont blessé lui-
» même en défendant son maître, fut ven-
» du (1) comme esclave chez les Barbares-
» ques.

  » Pendant trente-quatre ans il a éprouvé
» toutes les horreurs de la servitude. Il est
» à remarquer qu'il eût pu alléger sa situa-
» tion en abjurant sa foi, et en renonçant à
» sa patrie et à son légitime souverain. De

---

(1) Cela ne peut s'entendre que du prix donné
par le cheik aux K-ubals pour la personne de Dumont. Autrement celui qui a rédigé sa pétition aurait mal compris sa pensée.

» nombreuses et longues cicatrices, dont son
» corps est couvert, attestent d'une manière
» irrécusable sa persévérance et l'atrocité
» de ses maîtres.

» Rendu à la liberté par les Anglais, lors
» de leur dernière expédition contre Alger,
» et de retour en France, il n'a trouvé de
» parens qu'une malheureuse sœur (1), veuve
» et chargée de quatre enfans en bas âge,
» dont le travail journalier suffit à peine
» pour leur donner les alimens de première
» nécessité. Cette bonne sœur l'a toutefois
» secouru de tous ses moyens.

» Presque sans pain et sans asile, le pau-
» vre captif ose se jeter aux pieds de Votre

---

(1) Dumont ne parle point de sa tante, qui vient
de mourir ces jours derniers, à Saint-Germain,
âgée de quatre-vingt-quatorze ans. Il l'allait voir
très-fréquemment dans sa maladie ; elle l'aimait
beaucoup, et désirait que son neveu lui fermât les
yeux.

» Altesse Royale, et implorer votre protec-
» tion pour obtenir un emploi qui le mette
» à même de subsister et de soulager sa mal-
» heureuse sœur.

» Il ose croire que Votre Altesse Royale,
» connaissant ses longues infortunes, se hâ-
» tera d'y mettre un terme. Il vous supplie
» de le croire, avec un profond sentiment
» de reconnaissance,

» De Votre Altesse Royale,

» Monseigneur,

» Le très-humble et très-
» obéissant serviteur,

» *Signé* DUMONT. »

Paris, le 9 mai 1819.

M. le duc de Maillé, premier gentilhomme
de MONSIEUR, et M. le duc de Polignac,
grand-écuyer de S. A., ayant daigné joindre
leur voix à la mienne, m'ont obtenu de nou-

veaux secours. Je manque ici de termes
pour leur exprimer toute ma reconnaissance.
Je ne dois point non plus oublier les soins
de M. Charles de Vèze, secrétaire de la
chambre de MONSIEUR.

Toutes les démarches de mes bienfai-
teurs ont abouti à me donner un asyle et
l'existence à l'hospice royal des Incurables (1). C'est là, j'espère, que je trouve-
rai sans orage le bonheur, dont je n'ai jamais connu que le nom. Puisse l'exemple
d'une si longue patience adoucir les maux
de ceux qui n'ont point appris à souffrir!
Et s'il est encore dans l'univers une con-

---

(1) Il y est entré le 7 mai dernier, après la visite de
deux médecins. Quelques jours auparavant, Dumont
se disposait à faire le voyage de Marseille; il devait
même se rendre au port d'Alger afin d'y exercer libre-
ment la profession d'interprète. S'il eût accompli ce
dessein, nous aurions vraisemblablement ignoré long-
tems les mœurs et la férocité des Arabes koubals de
la montagne Félix et des adouars voisins.

dition plus dure que mon esclavage, on doit voir qu'en la supportant ce serait une folie d'y laisser, par une mort volontaire, l'espérance d'en sortir (1).

---

(1) Divers journaux ayant annoncé que cette histoire allait paraître, lorsque pas une feuille n'était encore composée, je me suis trouvé dans l'obligation de la rédiger, comme on dit, *au courant de la plume.* Je n'ai point eu le tems de mettre l'ouvrage au net, et on a livré mes cahiers à l'impression sans avoir été transcrits. Si, par l'effet d'une telle vîtesse, il m'est échappé des fautes de diction, je suis sûr au moins de n'en avoir point commises dans le rapport des faits, ce qui est beaucoup plus essentiel. Quant aux autres fautes, le public a trop de justice pour ne pas en apprécier la valeur, en jugeant la position où je me suis trouvé. Dans tout autre cas, *le tems ne faisant rien à l'affaire*, je serais coupable à ses yeux, non-seulement d'avoir apporté tant de précipitation dans un objet si grave, mais de m'en vanter, car on n'est jamais excusable de faire vîte et mal ce qu'on peut bien exécuter avec le tems.

SUPPLÉMENT.

—

(A) *Page* 33.

Ils occupent une ligne fort étendue depuis les
confins d'Oran jusqu'aux environs d'Alexandrie en
Egypte, entre les Maures proprement dits qui lon-
geut la mer, et les Arabes au midi de l'Afrique.

(B) *Page* 57.

Nous volions aussi des cerises dans la saison.
Quand l'arbre était fourchu, huit ou dix hommes de
chaque côté le séparaient en un clin-d'œil. On portait
en triomphe sur ses épaules de grosses branches
chargées de fruits ; mais si ceux qui marchaient sur
nos pas s'avisaient de toucher aux cerises, une rixe
sanglante s'élevait bientôt, et ne prenait fin que
sous les coups des gardiens. On s'attachait d'ordinaire à la barbe en tournant le poignet, et cette prise,
dont la force était accrue par la colère, causait des
douleurs plus vives que les morsures.

(C) *Page* 89.

Le cheik a continue d'envoyer dans ses Etats des
cheiks inférieurs chargés de lever les contributions.
Il arrive parfois qu'un de ceux-ci refuse d'acquitter les
siennes. La guerre lui est aussitôt déclarée par cet

acte. On met à prix la tête de ses sujets, à raison d'un sequin ou d'un demi-sequin, et la résistance fait augmenter la somme. Tous les révoltés prisonniers sont condamnés à perdre la tête. A la suite du combat on leur coupe une oreille, soit qu'il aient péri dans la mêlée, soit qu'ils aient subi la décapitation : on enfile avec une grosse et longue aiguille et du fil à voile toutes ces oreilles ; on en forme des chapelets qui deviennent quelquefois si nombreux que des bêtes de somme en sont chargées. Osman reçoit les dépouilles pour imposition jusqu'à concurrence de la somme promise par chaque tête, et tout Arabe vainqueur ressent à son tour l'effet de la promesse de son cheik.

Mais si ce dernier se laisse battre par son ennemi, alors Osman, irrité, s'avance en personne avec l'appui de sa religion dont il est chef en ces contrées, et des forces nombreuses à qui rien ne résiste. Il dirige tous ses efforts vers le rebelle vivant ; il offre mille sequins si on le tue, et le double si on le lui amène en vie. J'ai vu l'un de ces cheiks, dont le souvenir me fait encore frémir d'horreur.

Osman l'ayant pris déchargea sur lui toute sa colère en injures, en menaces, à coups de pied redoublés. Après un moment de réflexion, il le conduisit avec l'apparence du plus grand calme, en fumant sa pipe, dans un lieu fréquenté. Là, le captif est mis à nu, puis attaché à un arbre sur une fourmilière. On le frotte de miel par tout le corps. Bientôt des fourmis rouges, presque aussi grosses que le petit doigt, s'attachent à ce malheureux qui, dans peu d'heures, devient horriblement enflé. Ces animaux rongeurs s'introduisent en masse par toutes les ouvertures, par les oreilles, les yeux, le nez, la bouche. Sa langue altérée s'épaissit, s'alonge, et grossit comme le reste du corps, tandis que les fourmis homicides s'y adhèrent par pelotons. Je m'arrête ici; le reste est dix fois plus affreux; je sens que le cœur me manque.... Osman contemplait, ainsi que les Koubals, le supplice de sa victime avec la plus profonde indifférence. Il faisait renouveler le miel que le soleil et les animaux dévoraient, et repaissait ses yeux de tant d'atrocités.

D'autrefois il ordonnait qu'on écorchât tout vif un cheik en révolte. S'il succombait durant l'opération, son corps était coupé en deux à l'endroit même où la mort l'avait surpris. On salait la peau détachée, avant de l'emplir de laine; on la cousait ensuite; on la perçait d'un bâton que l'on enfonçait dans terre par l'autre bout, sur le plus grand point de communication des montagnes.

C'est ainsi que le bey d'Oran, sans pousser un cri, fut traité il y a vingt ans par le second ministre d'Alger. On le voit encore attaché à la porte Babalouette. Osman et le dey font aussi rompre les membres des chefs de leurs ennemis, avec la différence que les lions, appelés par les plaintes aiguës des victimes de la montagne Felix, en ont bientôt suspendu le cours, au lieu qu'à la ville d'Alger, le patient attend quelquefois deux jours sa fin dans les tourmens.

Le bey d'Oran, qui avait pillé les terres d'Alger, fut vaincu par le *lag*, souverain des campagnes, et second ministre du dey, comme je viens de le dire. Ce *lag* (*) use de son immense pouvoir sur les beys, qu'il fait décoller à sa volonté. Il remplace le bey décapité par un sujet soumis à l'approbation du dey, qui, s'il le reconnaît, lui envoie l'*habernousse* rouge, ornée de trois houpes d'or, dont l'une au capuchon, et les deux autres au bas des côtés de la robe. Le *lag* et le dey se servent pour les hautes exécutions du *boujarès*, leur chirurgien-major. C'est lui qui a disséqué vivant le bey d'Oran; c'est encore par son ministère qu'on abat les poignets. Ainsi qu'Osman, pour les cheiks, le dey invente des supplices atroces pour les beys : dans l'un et l'autre pays, tous les sujets condamnés à mort sont décapités. Il faut en excepter les s faux monnayeurs d'Alger, qui en subissent un particulier.

Ces criminels, couverts de la monnaie qu'ils ont fabriquée (elle est percée et enfilée en rond), sont conduits dans la ville par le bourreau. Celui-ci publie à haute voix qu'ils vont mourir pour avoir émis de la fausse monnaie. Ensuite il les mène aux *ganches*, longs crochets de fer scellés dans la muraille, et sur la pointe desquels étant lancés avec force, ils s'accro-

---

. (*) Ils sont trois de ce nom, remplissant des fonctions entièrement différentes.

chent pour y mourir dans des souffrances non moins cruelles que l'empalement.

(D) *Page* 104.

Il y en a deux ; j'étais dans le moins sévère.

(E) *Page* 117.

On a paru surpris que Dumont ait été dans l'ignorance à ce sujet, puisqu'il dit, page 44, qu'après onze ans de captivité, il voyait arriver tous les quatre mois au plus des malheureux des divers coins de l'Europe. Comment se fait-il, demande-t-on, qu'aucun de ces nouveaux esclaves ne lui ait rien révélé de ce qui se passait en France ? La question m'a d'abord frappé ; mais sûr d'avance que le récit de Dumont était partout fidèle, voici ce que j'ai répondu : « Onze ans écoulés depuis son naufrage nous reportent en 1793. A cette époque, quatorze armées séparaient entièrement la France des nations qui l'entourent. Les peuples, en général, ne connaissaient que très-imparfaitement l'effet de nos cruelles agitations politiques. La plupart des infortunés qui, vers ces tems et depuis, tombèrent dans les fers des Koubals, sortaient vraisemblablement d'une classe où les besoins de la vie leur ferment l'oreille et les yeux sur des révolutions étrangères. En supposant que l'un d'eux en fût instruit, il aurait encore fallu que le hasard l'eût rendu voisin de la chaîne de Dumont, et que l'esclavage ne l'eût pas abaissé au point de l'empêcher d'étendre ses souvenirs à de vastes contrées où rien de personnel ne pouvait l'intéresser. En admettant même qu'un

Français fût entré dans le bagne vers 1814 ou 1815,
on sent déjà quel soin prenaient les Koubals d'éloigner les compatriotes les uns des autres, de peur des
révoltes. »

Mais si ces raisons ne suffisent pas pour détruire
l'objection, je ne vois d'autre moyen que de renvoyer
les incrédules à Dumont, auquel j'en ai fait part,
et qui m'a de nouveau soutenu que jamais il n'avait
entendu parler dans le bagne d'Osman, ni de nos
différentes révolutions, ni de nos guerres gigantes-
ques.   (*Note de l'éditeur.*)

(F) *Page* 134.

Pour remplacer des robes qu'on lui avait confiées,
qu'elle devait faire, qui lui furent volées, et dont il
fallut bien rendre la valeur. Ses ressources finirent
par s'épuiser totalement......

Page 129, ligne 15 : *Si humains !* ...

En passant par Auxerre, je voulus y faire viser ma feuille
de route ; ce que l'on me refusa, parce que m'étant trompé
de chemin à quelques lieues de là, ma feuille n'indiquait point cette ville. J'eus recours au général commandant la place, qui me fit la même objection ; mais il n'eut
pas plutôt entendu ma réponse, que, jetant les yeux sur la
lettre ouverte de M. Bourcet à son fils, dont j'étais porteur, il me présenta lui-même avec beaucoup d'empressement à ses demoiselles comme une victime des Barbaresques, et me conseilla de prendre le coche. Je lui représen-
tai qu'il n'y avait point d'étape sur l'eau ; le général me
comprit aussitôt et me donna vingt francs.

TABLE

DES MATIÈRES CONTENUES DANS CET OUVRAGE.

Pages

AVERTISSEMENT de l'Editeur, qui explique comment il a entrepris d'écrire cette histoire, et qui en demontre à-la-fois la vérité et l'utilité. 1

Naissance de Dumont à Paris, en 1768. Il part de Brest avec le chevalier de Ternay en 1781 pour les Antilles, sur le vaisseau *le Duc de Bourgogne.* 16

Mort de M. de Ternay à Saint-Christophe. . . 17

L'amiral comte de Grasse laisse échapper la flotte anglaise. 21

Saint-Eustache est pris par l'amiral anglais Rodney, et repris par le marquis de Bouillé. . . 22

Bataille navale entre les Anglais et les Français. Le comte de Grasse est fait prisonnier. . . . 23

Extrait d'une lettre de l'amiral Rodney. 25

Dumont revient en Europe sur *le Duc de Bourgogne.* Il entre dans Alcacire près de Gibraltar. 26

Monsieur (aujourd'hui S. M. Louis XVIII) et
Mgr comte d'Artois offrent au roi Louis XVI
un vaisseau de cent dix canons, pour remplacer *la Ville de Paris*, tombé au pouvoir des
Anglais. 28

Une canonnière française s'assied sur une bombe
près d'éclater. Le comte d'Artois et le duc de
Crillon la récompensent. 30

Dumont s'embarque avec M. de Montmèry,
aide-de-camp du comte d'Artois, sur le brick
le Lièvre. Horrible tempête. Son naufrage sur
les côtes d'Afrique, entre Oran et Alger. . . 32

Il tombe, couvert de blessures, dans les mains
des Koubals 36

Il est vendu au cheik Osman, et conduit à son
bagne. 39

Description du bagne. 41

Un esclave italien le guérit d'un coup de lance
qui lui traversait le corps 46

Le crâne des hommes tués à coups de fusil sert
ordinairement de vase aux autres esclaves . . 48

De nombreux gardiens armés veillent dans les
champs autour des esclaves, pour les préserver de la fureur des bêtes féroces 52

Un Espagnol est déchiré par un lion, à la vue
des gardiens 53

Les esclaves dérobent des fruits, des légumes,
pendant la prière des Arabes 54

Pages.

Dumont vole un chou et un mouton 56

Les esclaves mangent le rebut des lions. . . . . '58

Le feu prend dans l'intérieur du bagne. Soif
horrible des esclaves. 59

Un prince de Maroc va visiter les esclaves aux
champs. Il donne cent sequins à Dumont. . . 61

Manière de distribuer les coups de bâton sur le
derrière et sous les pieds. 64

Haine du *kail* contre Dumont 66

Dumont se venge. Il est conduit sur un mulet
devant Osman, qui lui fait donner la *falaque*,
et fait pendre le *kail.* 69

Estropié de la main gauche, Dumont tourne une
meule de la main droite, pendant un an . . . 73

Manière de trancher la tête 75

Atrocité d'un fermier envers son fils. 77

Description des *matumores* 78

Supplice d'un Liégeois renégat, pour avoir bu
un verre d'eau-de-vie 81

Contes faits aux gardiens par Dumont 82

On ne donne aux esclaves, pour leur nourriture
pendant vingt-quatre heures, que trois épis de
maïs, et deux seulement pour la journée du
repos 87

Les Arabes qui prennent la vie en dégoût, au
lieu de se tuer, vont aux forêts se livrer aux
lions. Description des adouars. 85

Dumont suit Osman dans plusieurs expéditions. 88

Mœurs des Arabes de la montagne Félix. Leur commerce. Produits, animaux, etc. 90

Réflexions sur l'impossibilité de changer le caractère des Arabes de l'intérieur de l'Afrique, tant qu'ils seront soumis au mahométisme . . 93

Curiosité punie de Manet, Français renégat. Son départ pour Titre à travers mille dangers. 96

Les fils d'Osman sont battus, prisonniers et rendus en échange de cinq cents esclaves chrétiens. Dumont est de ce nombre 100

Après avoir été trois mois à Titre, il passe sous la domination d'Alger. Détails sur le bagne de cette ville 103

Les consuls de toutes les nations ont été mis à la chaîne par le dey, durant la servitude de Dumont dans ce pays 105

Assassinat de quatre cents juifs. Meurtre du dey. Aly-Adjali, qui le remplace, est tué par son nègre. Celui-ci perd la vie à son tour, à cause de son indiscrétion. Le successeur d'Aly-Adjali est aussi massacré 108

Dumont revoit Manet 109

Bombardement d'Alger par lord Exmouth. Dumont et les esclaves sont conduits dans une caverne. Trente-deux sont décapités 110

Détails sur le bombardement 113

Dumont s'embarque avec ses compagnons. Trois

Pages.

mille renégats pleurent du regret de ne pouvoir
les suivre 113

Dumont n'avait jamais entendu parler de la révolution française, ni de Buonaparte. 114

Sachant toutes les langues des esclaves, il est
nommé interprète à bord des vaisseaux anglais. On renvoie chaque esclave à sa nation
respective. 122

Il se rend à Naples auprès de M. Bourcet, consul-général de France, auquel il a de grandes
obligations 123

Il trouve à Marseille Etienne, qui avait été esclave dix-huit ans à Alger 124

Ils sont tous les deux volés à quatre lieues de
Marseille. 125

Ils arrivent à Lyon. Mort d'Etienne, de sa
mère, de sa sœur et de son père 126

Arrivée de Dumont à Paris, après une absence
de trente-six ans. 129

Sa surprise de voir tant de changemens. Il ne
retrouve plus son père ni sa mère. Il passe la
nuit au corps-de-garde 130

Il va le lendemain chez un logeur ; il y apprend
la demeure de sa tante. Il revoit sa sœur dans
une très-fâcheuse position. 133

Il entre au service de sir Sidney Smith. Certificat de ce dernier 136

Extrait d'une lettre du colonel Bourcet, premier

Pages.

aide-de-camp du duc de Reggio, fils du consul-général de Naples 138

Après le départ de sir Sidney Smith, Dumont
éprouve tous les effets de l'indigence 140

Il adresse une pétition à MONSIEUR. 142

Il reconnaît les soins bienfaisans de MM. les
ducs de Polignac et de Maillé, ainsi que ceux
de M. Charles de Vèze, secrétaire de la
chambre de MONSIEUR. 145

Son entrée à l'hospice royal des Incurables. Il
espère enfin y trouver le bonheur 146

Supplément. 148

FIN DE LA TABLE.

On trouve chez Pillet aîné, imprimeur-libraire, rue Christine, n. 5, à Paris, les ouvrages suivans de M. J. S. Quesné.

	fr.	c.
Eloge de Blaise Pascal, in-8°. Prix.	»	60

Mémoires de Céran de Valmeuil, in-18. Cet ouvrage a été réimprimé in-12, à la suite de *Marcelin*, roman en 2 vol. du même auteur. Prix de l'in-18. . . . . » 75

Lettres de la vallée de Montmorency, un volume in-12. Prix . . . . 2 »

Lettres de Mme de Fronville sur le psychisme, quatrième édition, revue, corrigée, augmentée et suivie de *M. d'Orban*, ou *Quelques jours d'orage*, nouvelle historique.

Nota. Cette nouvelle a paru pour la première fois dans la présente édition; un volume in-18. Prix. 1 50

Mémoires de M. Girouette, un volume in-12 orné de trois gravures et d'une vignette. Prix. 2 50

Confessions politiques et littéraires dans les séances des lundis 5, 12, 19 et 26 février 1818 de la société secrète de la rue Bergère à Paris; révélées avec autorisation par l'un de ses membres; un volume in-12. Prix. . . . . 2 »

Histoire de l'esclavage en Afrique (pendant trente-quatre ans) de Pierre-Joseph Dumont, natif de Paris, maintenant à l'hospice royal des Incurables, rédigée sur ses propres déclarations; un volume in-8°, orné de ses deux portraits et d'un *fac simile* de son écriture. Seconde édition, revue, corrigée et augmentée d'un Supplément. Prix. . . . . 3 »